Josef Maschka

Etymologische Studien über die mailändische Mundart

Josef Maschka

Etymologische Studien über die mailändische Mundart

ISBN/EAN: 9783742869562

Hergestellt in Europa, USA, Kanada, Australien, Japan

Cover: Foto ©Thomas Meinert / pixelio.de

Manufactured and distributed by brebook publishing software
(www.brebook.com)

Josef Maschka

Etymologische Studien über die mailändische Mundart

PROGRAMM

des

k. k. Staats-Obergymnasiums

ZU MITTERBURG

veröffentlicht

am Schlusse des Schuljahres 1879

VI. Jahrgang.

J N H A L T :

TRIEST
BUCHDRUCKEREI AMATI'S SÖHNE
1879.

Etymologische Studien über die mailändische Mundart.

VORWORT.

Bei meinen Studien über die mailändische Mundart habe ich mir eine Art Glossar zusammengestellt, woraus ich hier unten einen Auszug gebe. Um in dem engen Rahmen eines Schul-Programmes noch etwas Abgerundetes geben zu können, habe ich mich in diesem Auszuge bloss auf eine Auswahl altmailändischer Wörter beschränkt und aus dem Neumailändischen und dessen Untermundarten nur solche Wörter aufgenommen, die mit gewissen Erscheinungen im Altmailändischen zusammenhängen.

Vielleicht habe ich nicht immer das Richtige getroffen; jedenfalls wird man aber aus meiner Arbeit ersehen, dass ich mich mit meinem Gegenstande ernstlich beschäftigt habe. An einigen Stellen, wo ich bezüglich der Herkunft eines Wortes oder gewisser lautlicher Erscheinungen nicht ganz sicher zu sein glaubte, habe ich mich begnügt, meinen Erklärungsversuch mit einem bescheidenen Fragezeichen zu versehen; an ein paar anderen aber, um der Gefahr eines leicht möglichen Fehlgriffes auszuweichen, jeden Erklärungsversuch aufgegeben.

Die von mir benützten Quellen habe ich gewissenhaft angegeben.*) Leider war mir aber so manche nicht zur Hand, die mir vielleicht meine Arbeit hätte erleichtern können, und es mag daher auch sein, dass hie und da eine von mir ausgesprochene Meinung schon von Anderen in einem oder dem anderen der von mir nicht benutzten Werke ausgesprochen worden sei.

GLOSSAR.

A, eine Partikel, die zwar in der Stadt Mailand selbst nicht mehr, aber in ihrer Umgebung und in den zur mailändischen Gruppe gehörenden Untermundarten (s. Biond. sa. 8-15) dem Verbum finitum (mit Ausnahme des Imperativs) noch immer sehr häufig vorgesetzt wird**). Zur Veranschaulichung ihres Gebrauches lasse ich hier mehrere

---

*) Siehe dieselben im Verzeichnisse der einer Erklärung bedürftigen Abkürzungen am Schlusse dieser Abhandlung.
**) Dieser Gebrauch ist auch anderen oberitalischen Mundarten nicht fremd. Vgl. über die lombardischen Biond. sa. 31, über die piemontesischen ebend. 494 ff., über die ämilianischen ebend. 221 und Mf. romagn. M. § 248.

1*

4

Beispiele folgen, an welche ich dann die Erörterung der Frage über ihren Ursprung und über ihre Bedeutung knüpfen werde: mail. *a te prégh* „ich bitte dich" C. 1, XXXIX; *a l'óo fái sù* „ich habe es zusammengestellt" ebend. 83; *a sóo* „ich weiss" ebend. 99; lod. *a vói cantà* „ich will singen" Biond. sa. 131; veltl. *mì a móri* „ich sterbe" ebend. 41; tess. *mì a ov sèrria* „ich diene euch" ebend. 46; com. *a dìsi, a fóo, a vegnaróo* „ich sage, ich mache, ich werde kommen" Mo. II. s. v. *A.*; tess. *tì t'a**) *sè* „du bist" Biond. sa. 45; lod. *a te gh'è avùu* „du hast gehabt" ebend. 144; com. *a sét brùt* „du bist hässlich" Mo. II. s. v. *A.*; mail. *a l'è ben el vér* „es ist wohl wahr" C. 1, 81; *l a l'è*... *pù gajárda* „das l ist schärfer"; *quánd a l'è dólza* „wenn es weich ist"; *a la se scámbia* „man ändert es" ebend. 92; lod. *de quèl che*.... *a n'à sdaùt* „desjenigen, der uns erlöst hat" ebend. 132; *el ciél*... *a l'à semper celàt* „der Himmel... hat es immer verborgen" ebend. 133; *invàn amór*... *a ghe fà scúd a lé* „umsonst schützt sie die Liebe"; *come 'n spiritàt a se ne và* „wie ein Besessener geht er fort"; *a la se móstra* „sie zeigt sich" ebend. 136; *a no la róss* „sie wollte nicht" ebend. 138; *a la pár mòrta* „sie scheint todt" ebend. 139; *lé*.. *a la ringràzia* „sie dankt ihm" ebend. 140; *e adèss che pù a n'al mor lù con lé* „und jetzt, da er nicht mehr mit ihr stirbt" ebend. 141; *cùn sól*... *a ghe n'à tòi la mòrt* „einen einzigen hat ihr der Tod entrissen" ebend. 144; tess. *bentáva ch'a stàssom alégri e che a festeggiàssom* „wir mussten fröhlich sein und feiern" ebend. 44; *a m'ì mài dài* „ihr habt mir nie gegeben" ebend. 47; lod. *vói che*... *a la mettì* „ich will, dass ihr es (das Bild) setzet" ebend. 132; mail. *tùcc dùu a vän cressénd* „beide nehmen zu" C. 1, 9; *a se fán rìcch* „sie werden reich" ebend. 11; *a no l'hán fòrs mostràa táng bràv scricciùu?* „haben es nicht viele vortreffliche Schriftsteller gezeigt?" ebend. 82; lod. *l'è però bén che i òmni a i céden lór* „es ist aber gut, dass die Männer nachgeben"; *a jén costór tùti nosti nemìsi* „die sind uns alle feindlich gesinnt" Biond. sa. 133; com. *a ìn bèi* „sie sind schön" Mo. II. s. v. *A.* — Aus den angeführten Beispielen ergibt sich nun zunächst, dass das auffallender Weise in Verbindung mit allen Personen des Verbums vorkommende *a* wohl nicht als das eigentliche Subject des Satzes betrachtet werden kann; ferner ersieht man daraus, dass die erwähnte Partikel auch da vorkommt, wo das ausgedrückte oder zu ergänzende Subject noch durch ein sogenanntes conjunctives Pronomen verstärkt ist. Was soll nun dieses *a* bedeuten und woher kommt es? Geht man von der 1. Person der Einzahl aus, so liesse es sich als eine Vergröberung des muthmasslich aus *eo* (= *ego*) verkürzten *e***) und somit in den Beispielen *mì a móri, mì a ov sèrcia*

*) So nach der Lesart Biondelli's. Stalder, Landessprachen der Schweiz, 409 liest *ta* und betrachtet also dieses Wort als Nebenform des conjunctiven Pronomens *te*, das in derselben Sprachprobe kurz vorher vorkommt *(te m'è mài dèc* „du hast mir nie gegeben").

**) Vgl. altberg. *mé e stàgh* Biond. sa. 682; *e dirò. e sparzirò.* 678; *e ho.* 679; *e te dò; cum e sòl, e te recomándi* 680; daneben aber zweimal auch *a: quant a te gudrdi, quaut a te réyo* 680. Ebenso begegnet man in einer Sprachprobe aus der amil. M. von Sestola bei Biond. sa. 405 f. zweimal *a* neben dem in der Regel

als conjunctives Pronomen der 1. Pers. Sing auffassen. Etwas schwieriger aber gestaltet sich die Sache bei den anderen Personen. Ich beginne mit der dritten beider Zahlen, weil ich mich später bei der Besprechung der 2. Pers. beider Zahlen und der 1. Pers. Plur. darauf berufen will. Nehmen wir an, dass *a*, wenn es vor der 3. Person der Einzahl steht, eine Abkürzung theils des aus *el* (ursprünglich *ello* von *illum*, vgl. Mf. am M. § 89) vergröberten *al* (vgl. mail. *al besògna sarè* „man muss wissen" C. 1, 83; veltl. *e quèst al gh'à dìtt* „und dieser hat ihm gesagt" Biond. sa. 40, und so öfter), theils des aus *illum* entstandenen *ella*, wenn es aber vor der 3. Person der Mehrzahl gebraucht wird, eine Abkürzung von *ai*, dem Plural von *al* sei, welcher Plural nach mailändischem Gebrauche für beide Geschlechter gilt (vgl. z. B. *lór ài l'án lecù* „sie (m.) haben sie (die Sprache) geleckt" C. 1, 80; *com'ài ràghen proferli* „wie sie (f.) ausgesprochen werden sollen" ebend. 85*). Nun hätten wir aber in Bezug auf den Singular da, wo auf *a* noch das conjunctive Pronomen *l'* oder *la* im Nominativ folgt, eine gar zu auffallende Häufung von Fürwörtern in einem und demselben Casus; so z. B. im oben angeführten Satze *l a l'è . . . pù gajárda* ausser dem eigentlichen Subjecte (*l*) zwei, und wir können sogar drei Fürwörter nacheinander im Nominativ bekommen, wenn wir z. B. dem Satze *lé a la ringràzia*, wo *la* Accus. m. Sing. ist (mail. unbet. *le* wie im fr. *elle le remercie*) diesen anderen substituieren: *lé a la ringràzia el rè Aladén*, wo *la* Nom. f. Sing. sein würde. Wollte man diesen Uebelstand dadurch beseitigen, dass man überall, wo *a l'* (m., f.) *a la* (f.) als Nominativ vorkommt, *al*, *ala* schriebe, wie man es auch hie und da geschrieben findet (z. B. *al è* C. 1, 86, *al à* 89, *ala sarà* 92), so wäre damit nichts geholfen, da dies in negativen Sätzen unmöglich ist. Dies zeigt schon der oben angeführte Satz *adèss che pù a n'al mor lù con lé*, und ein gleiches Monstrum bekämen wir, wenn wir dem Satze *a no la róss* noch ein *lé* vorausgehen liessen (*lé a no la róss*), was gewiss möglich wäre. — Derselbe Uebelstand zeigt sich bei der 3. Pers. der Mehrzahl. Wir

---

gebrauchten *e*. Im Mail. kommt *e* nur hie und da bei älteren Schriftstellern vor, z. B. *e'odì* „ich hörte" Bese. 218; *e faréo* „ich würde machen" C. 1, 80. Auch *i* ist im echt Mail. selten (*n'i jáo pagúra mì* C. 1, 80; *i joù amà* ebend. 84) und längst veraltet, es hat sich aber in einigen Untermundarten forterhalten. Vgl. z. B. verbanes. *mì i srèi paregià* Biond. sa. 129; *i lerarò soeü e i narò (= andrò)* ebend. 49; veltl. *i no són plù dègn* ebend. 42, und kurz vorher mit vorausgehendem *gè* (vgl. fr. *je*) als Pron. absol. *gè i moeùr*. In der tess. Sprachprobe ebend. 43 liest man *a i ò mancào* und bald darauf *mì j ò mancào*; in einer verbanes. *a j'ò* ebend. 381, *a j'ho* 384. Vgl. damit bologn. *ài ho* ebend. 336; romagn. *a jò* 226. Am richtigsten wäre wohl die letztere Schreibweise, weil hier *j* zwar ein selbständiges Wort ist, aber als Prokliticon so ausgesprochen wird, wie wenn es zu dem nächstfolgenden mit einem Vocal anlautenden Worte gehörte (vgl. auch Mf. romagn. M. 68, Anm. 2). Anscheinend wird in der tess. Sprachprobe aus dem 16. Jh. bei Biond. sa. 128 auch *o* in Verbindung mit der 1. Pers. Sing. gebraucht, z. B. *or bèn ch'o t'vùgl* „die Liebe, die ich zu dir hege", *s'o t'poìss accùgl* „wenn ich dich erwischen kann" u. a. Darauf kommen wir später noch zurück.

*) In dem altberg. Gedichte bei Biond. sa. 678 ff. kommt auch *ay* neben *ai* vor: *ai lo mena* „sie führen ihn" *ay lo ligara*, *ay lo frustara* „sie banden ihn, sie geisselten ihn" 679.

haben oben angenommen, dass hier *a* eine Abkürzung von *ai* sei. Doch ist zu beachten, dass man auch *a i*, *a j* geschrieben findet, wie in dem oben angeführten Beispiele *l' è però bén che i òmni a i céden lór*; vgl. noch berg. *sò quàl a i plsa* „ich weiss wie viel sie wiegen" Biond. sa. 153; valenz. *a j àn cmensà* „sie haben angefangen" ebend. 245. Freilich liesse sich diese Schreibweise, nach welcher man *a* und *i* als zwei getrennte Pronomina betrachten müsste*) dadurch beseitigen, dass man überall *ai* herstellte; das wäre aber wieder da unmöglich, wo *a* und *i* durch eine Negation getrennt sind, wie in folgender alt-berg. Stelle: *per que a noi (= no i) vols in lu credi* „weil sie nicht an ihn glauben wollten" Biond. sa. 679**). — Nun kommen wir auf die 2. Pers. beider Zahlen und auf die 1. der Einzahl zurück. . Hier ist eine halbwegs befriedigende Deutung nur möglich, wenn man annimmt, dass *a* eine Abkürzung des oben bei der 3. Pers. der Einzahl erwähnten *al* sei, welches hier wie das it. *egli, ei, e'* impersonell aufgefasst werden müsste, und diese Annahme wird scheinbar wenigstens in Bezug auf die 1. Pers. der Mehrz. durch die Thatsache unterstützt, dass bei Biffi sich in Verbindung mit derselben vereinzelt auch *e* findet (*e rartirèmm* „wir werden bemerken" C. 1, 86) und ein solches *e* in der aemil. M. von Reggio sich auch in Verbindung mit allen Personen des Verbums mit Ausnahme der 3. Sing. nachweisen lässt (*e' port, e' l' port, a' l porta, e' purtèm, e' purtà, e' pòrten* „ich trage, du trägst etc." bei Biond. sa. 221, Anm. d***). Ich gestehe aber, dass ich mich mit dieser Ansicht denn doch nicht recht befreunden kann, sondern geneigt bin, mich der Meinung Biondelli's anzuschliessen, der in dem mehr-erwähnten *a* resp. *e* einen Rest der sogenannten *indices temporum et modorum* des celtischen Verbums (Z. Gr. 411, vgl. auch Rich. 59 ff)

---

*) *I*, eine Abkürzung von *illi* kommt schon bei Bonvesin vor (s. Mf. am. M. § 89). Bei Schriftstellern des 16. und 17. Jh. wird es nur als conjunctives Fürwort gebraucht, und als solches dauert es in den Bauerndialecten und in den Untermundarten hie und da noch fort. Vgl. z. B. mail. *i caroccée i bàtten* „die Kutscher schlagen" C. 3, 144; *lór i fàn* „sie machen" ebend. 1, 11; lod. *i sunéren e i cantéeen* „sie spielten und sangen" Biond. sa. 37; *i àn comenzàt* ebend., veltl. *i àn comencé* 41, verbanes. *i àn smanzà* 49 „sie haben angefangen". Vereinzelt kommt auch *e* (von *elli = illi*, vgl. auch it. *e'*) vor. z. B. *i Latin e fàven bén* „die Lateiner thaten wohl" C. 1, 93.

**) Man liest dort *in lur*; das ist aber offenbar ein Schreib- oder Druck-fehler.

***) Bei Biffi kommt noch ein anderes *e* vor, das wohl mit dem oben erwähnten nichts zu schaffen hat, sondern bloss euphonischer Natur ist. Es wird nämlich, um die Härte der Aussprache zu mildern, consonantisch anlautenden conjunctiven Für-wörtern vorgeschlagen, wenn sie vor consonantisch anlautenden Wörtern apokopiert werden, z. B. C. 1, 94 *em par st. me par*, it. *mi pare*; 95 *es segna st. se segna*, it. *si segna*; 89 *es repòrtem st. se repòrtem*, it. *ci riportiamo*; 95 *egh rà st. ghe rà*. it. *ci va*. Ebenso ist wahrscheinlich in folgenden Stellen: tess. *or bén ch'o t' rùgl* „die Liebe, die ich zu dir hege"; *s'o t'pouss accùgl* „wenn ich dich erwischen kann"; *mi a or sèreia* „ich diene euch" bei Biond. sa. 128 und 46 (vgl. auch oben S. 4, Anm. ** u. E.); *e tolt cog siglia or sangu og ra chiappà or pè drizz* „und wenn man ihnen (nämlich den Zicklein) das Blut genommen hat, so muss man sie beim rechten Fusse fassen"; *acigliocke os pussa auri* „damit man öffnen kann" bei Mo. 1. XLIII das *o* vor *t. r. g. s* blos euphonischer Vorschlag.

erblickt*); denn nur so lässt sich, wie mir scheint, die oben nachgewiesene Häufung von Fürwörtern auf eine befriedigende Weise erklären. Dass sich bei Bescapè und Bonvesin kaum eine Spur jenes eigenthümlichen *a* oder *e* entdecken lässt, ist selbstverständlich; denn wir haben da nicht die derbe Volkssprache, sondern die Sprache der Gebildeten vor uns, die sich nur gewisser volksthümlicher Züge nicht entkleiden kann (vgl auch Mf. mon. a. 119). Uebrigens scheint es, dass in Mailand selbst, dem Mittelpuncte eines stets regen Verkehrs und der Cultur im Nordwesten Italiens, schon früh die Vereinfachung auch der eigentlichen Volkssprache begonnen habe, und so erklärt es sich, warum gewisse derbe Züge derselben sich nur noch bei Schriftstellern des 16. und 17. Jahrhunderts spärlich vorfinden, dann aber ganz verschwinden. Anders ist es aber mit den Untermundarten in den kleineren Städten und auf dem offenen Lande, wo sich gewisse Eigenthümlichkeiten bis auf den heutigen Tag erhalten haben, und, wenn man auch von den oben aus *Büchern* entlehnten Beispielen absehen will, so braucht man nur die Landleute auch der nächsten Umgebung Mailands sprechen zu hören, um sich zu überzeugen, dass in ihren vielfach nuancirten Dialecten besonders das oben besprochene *a* eine bedeutende Rolle spielt.

Wie dieses *a* und das an dessen Stelle seltener vorkommende *e* wird im Piem. und im Verbanes. auch *i* in Verbindung mit der 1. und 2. Person der Mehrzahl gebraucht, um nicht der oben S. 4, Anm. ** a. E., u. S. 6 Anm. * angeführten Beispiele des im Mail. mit der 1. Pers. der Einz. und mit der 3. der Mehrz. verbundenen *i* zu erwähnen, wo sich *i* auch aus dem Lateinischen herleiten lässt Vgl. z. B. piem. *noi i portóma, voi i portè* „wir tragen, ihr tragt" Biond. sa. 494; verbanes. *noi i 'n pomma* „wir können nicht", *voi, Signór, ch'i sèi stàg nòst Redentór* „ihr, Herr, der ihr unser Erlöser gewesen seid" ebend. 129. Ebenso die im Tess. und Verbanes. vorkommenden Partikeln *o* und *ou* (bei Biond *u* = d. *u*), und zwar erstere in Verbindung mit allen Personen mit Ausnahme der zweiten, letztere nur in Verbindung mit der 3. Sing.**), z. B. *or*

---

*) Diese *indices* sind nach Z. Gr. 413 und 419 zusammengenommen folgende: *a, e, ed, er, y, yd, no, nu, ra, ro, ru*. Biond. sa. 81 vergleicht z. B. *mé a vo, té a t'cantat* „ich gehe, du singest" mit armor. *mé a ia, te a gàn*. Dass auch *e*, ja, wie wir weiter sehen werden, auch *i, o, u* so gebraucht werden, zieht er freilich nicht in Betracht.

) *U* (= d. *u*) kommt auch im Romagn. vor, und zwar, wie es scheint, nur in Verbindung mit der 3. Pers. Sing., es wäre denn, dass man es in dem von Mussafia romagn. M. § 253 angeführten Beispiele *al bastunè u-n li col gnanca i chen* „Schläge wollen nicht einmal die Hunde" als in Verbindung mit der 3. Pers. Plur. stehend betrachten wollte. Der genannte Sprachforscher hält (§ 250) dieses *u* für eine Nebenform von *e* = *ille* und formell mit dem in mancher it. Mundart als Artikel und Pronomen vorkommenden *ol* (vgl. auch *o, or, oul* als Artikel in den von mir oben im Texte gebrauchten Beispielen) identisch, in Bezug auf welches er fragt, ob es etwa von *ellus* komme. Wäre aber *u* gleicher Herkunft mit diesem *ol*, so hätten wir z. B. in der romagn. Stelle *su pédar u l'andè fóra* „sein Vater gieng hinaus" Biond. su. 225, wieder ausser dem eigentlichen Subjecte *su pédar* noch die zwei Pronomina *u* und *l'* in demselben Casus. Das seinem Ursprunge nach mit *u* identische *o* in Verbindung mit der 1. Pers. Sing. (s. oben im Texte *o t'vù* gl. *o t'poùss*) liesse sich allerdings entweder als eine Zusammenziehung von *eo (= ego)* oder, wie ich bereits oben S. 6, Anm. * bemerkt habe, als einen euphoni-

ben ch' o t' vùgl „die Liebe, welche ich zu dir hege", *s' ot' poùss accùgl* „wenn ich dich erwischen kann" Biond. sa. 128; *o jè stèc ôna grán fàm* „es ist eine grosse Hungersnoth gewesen"; *dei giánd ch' o mangièva i animái* „von den Eicheln, welche die Schweine frassen"; *o sè pà o l' à vist* „sein Vater hat ihn gesehen" ebend. 45; *ol fánt pù piscén o l' è nàc riagiánd* „der jüngere Sohn ist auf Reisen gegangen" ebend. 46; *costù o vorèva* „dieser wollte" ebend. 47; *el pàdri ou l' à vedù* „der Vater hat ihn gesehen" ebend. 43; *lui ou gi à respondù al pà* „er hat dem Vater geantwortet" ebend. 44; *comè o gl' ign comenzàd* „wie sie angefangen haben" ebend. 127 (dagegen gleich darauf 128 *gl' ign* ohne *o*); verbanes. *na maràsce . . . o la s'è mariàde* „ein Mädchen . . . hat geheirathet; *ol fechín . . . o gh' à respoeùst* „der Lastträger hat ihm geantwortet"; *la me Zuanìne o n' l' è nòte par lui* „mein Hannchen ist nicht für Sie; *nùn o restèm* „wir bleiben"; *o bôgne ch' o fudèssem* „wir müssten sein"; *o rèm* „wir gehen" ebend. 130; *oul fioeù maggiôr ou l' ere in campagne* „der ältere Sohn war auf dem Felde"; *cól ou gh' à dic* „der hat ihm gesagt" ebend. 48. — Vielleicht gehören auch die Vocale *u* und *a* der Partikeln *um* und *am* hieber, welche, und zwar die erstere im Altmail., die letztere im Berg., zuweilen der ihrer Personalendung ermangelnden 1. Pers. Plur. vorgesetzt werden, wie z. B. altmail. *um se = sumus* Bonv. II, 93, 121; *um era = eramus* I, 387, 257; *um vènia = veniamus* II, 138, 228; *um poesse = possemus* I., 387, 291; berg. *noù* oder *nòter am pòrta = nos portamus, noù* oder *nòter am tègne = nos teneamus* u. a. Biond. sa. 22 ff. Man könnte zwar, gestützt auf die Thatsache, dass im Berg. vor vocalisch anlautenden Zeitwörtern immer *m'*, vor consonant. anlautenden hie und da *ma, m'* gesetzt wird*), — vgl. z. B. *nòter m'la, nòter m' ardèss* „wir giengen, wir wagen" Biond. sa. 31; *nòter m' andarà, nòter ma scrif* „wir werden gehen, wir schreiben" ebend. 16; *che m'sè, che nou m' sè* „dass wir sind" ebend. 156, — behaupten, die Vocale *u* und *a* seien blos ein euphonischer Vorschlag nach Art der oben S. 6, Anm. *** erwähnten. Dagegen spricht aber schon das oben aus Bonv.

---

schen Vorschlag auffassen; das geht aber da nicht an, wo *o* in Verbindung mit der 1. Pers. Plur. steht (s. oben im Texte *o restèm* etc.) Hier müsste man wieder *o* als unpersönliches Fürwort auffassen, wie oben *a, e, i*, was mir aber dort als unwahrscheinlich vorkam, das kann ich auch hier nicht zugeben. Zu bemerken ist noch, dass es wohl nur ein Zufall ist, wenn im Romagn. *u* nur dann gebraucht wird, „wenn ein enklitisches Pronomen oder Partikel folgt" (Mf. romagn. M. § 250). Die von mir oben im Texte angeführten Beispiele, welchen ich noch *s'o stara a cà* „wenn er zu Hause blieb" Biond. sa. 405 aus der Ämil. M. von Sestola hinzufüge, scheinen zu beweisen, dass die ihrem Ursprunge nach identischen Partikeln *o* und *u* an ein solches Gesetz nicht streng gebunden seien.

*) Nach Biond. sa. 10 a. E. gebraucht die veltl. M. von Bormio im ersteren Falle auch immer *m'*, im letzteren aber *'m (no m' à, no 'm sè, no 'm porta* „wir haben, wir sind, wir tragen"): doch liest man in der Sprachprobe aus dem zum Wormser Kreise gehörenden Unterdialect von Semôgo bei Mo. I., 410 *c'am pôssi* „dass wir können", und dass hier nicht etwa *ca 'm* zu lesen ist, in welchem Falle *ca = che* wäre, scheint die in derselben Sprachprobe mehrmals vorkommende Conjunction *che* zu beweisen. Noch ist zu bemerken, dass wir, wenn das in der ebenfalls veltl. veltl. Sprachprobe bei Biond. sa. 39 vorkommende *ch'em pòssa* „dass wir können" richtig, und nicht etwa *che 'm pòssa* zu lesen ist, ausser *um* und *am* noch eine dritte Partikel *em* dieser Art hätten.

citierte Beispiel *um era*, und dann lässt sich ja die Entstehung von
m' ('m) und *ma* aus *am* leicht nachweisen. Wir brauchen uns nämlich
nur vor *am* ein auf einen betonten Vocal ausgehendes Wort, wie z. B.
noù, nò, perchè zu denken, um gleich einzusehen, dass das Streben
nach Wohllaut den Hiatus zu beseitigen suchen musste. Das gieng
nun vor einem vocalisch anlautenden Zeitworte leicht; denn *noù (no,
perchè)* '*m la* ,'*m ardèss*, '*m andarà**) liess sich ganz fliessend aussprechen.
Auch das Zusammentreffen von *m* mit *einem* Consonanten *(che '*m *sè*,
*no '*m *pòrta)* mochte in der Aussprache nicht anstössig sein, wohl aber
das von *m* mit mehreren Consonanten, namentlich mit *s impura*. In
diesem Falle half man sich dadurch, dass man *am* umstellte und *noù
ma scrìf*, ja selbst *nòter ma scrìf* sprach, obwohl man auch *nòter am
scrìf* hätte sagen können. Was übrigens das *m* anbelangt, so sagt Mf.
am. M. § 95 darüber: „Die 1. Plur. wird auch dadurch gebildet, dass
das auslautende *m* in der Form *um* dem Verbum vorangeht", und hält
es, wie mir scheint, für die verkürzte hier vor- statt nachgesetzte
lat. Endung *mus*. Dieser Meinung ist auch Biond sa. 10 und 16, der
jedoch an letzterer Stelle auch *ma* für die ursprüngliche Partikel und
am für deren Umstellung zu halten scheint. Im Widerspruche damit
sagt aber Biond. sa. 31, Anm. *f* (vgl. auch 30, Anm. *d*): „Questa
forma (nämlich *noù* oder *nòter* am *pòrta*, s. die Conjugationstabelle
S. 22), strana in apparenza, è propria ancora dei dialetti armòrici e
càmbrici, i quali fòrmano allo stesso modo la prima persona del sin-
golare, dicendo *mè am* ovvero *em bòa*, *me am boè* per *io aveco, io ebbi*;
ove *am* ovvero *em* significano *io* e formano il pleonasmo summentovato"
(S. 30, Anm *d*). Sieht man von der etwas unrichtigen Auffassung der
Partikeln *am* und *em* ab, — denn *m* allein ist das eingeschaltete celt.
Pron. der 1. Sing. (vgl. Z. Gr. 334 ff., 378 ff.), während *a* und *e*
nichts anderes sind, als die oben S. 6 erwähnten *indices*, — so hat
Biondelli hier, wie mir scheint, das Richtige getroffen. Es mag immer-
hin die unterdrückte lat. Personalendung bewirkt haben, dass man
statt des vielleicht ursprünglichen *n* (vom celt. *ni, ny nos*) *m* ein-
schaltete und demnach *am, em, um* anfangs sowohl vor die 1. Person
Sing., als auch vor die 1. Plur., später aber, um Zweideutigkeiten
zu vermeiden, nur vor die letztere setzte; die *Stellung* des *m* vor dem
Verbum rührt aber wohl vom Celtischen her. Was die vorerwähnten
zwei Fälle der Einschaltung von *am, em, um* vor dem Verbum anbelangt, so möchte ich fast glauben, dass der *erstere* in einem etwa aus
dem 16. Jh. stammenden berg. Gedichte bei Biond. sa. 163 ff. noch
vorkomme. Hier muss man in den Versen des 6. *strambòg* (= it. *stram-
botto* „Liebesgedicht") S. 164 *A* m*'à cantàt fin s*t' *ora tag canzoù*, *Ch' a
gh' oùm sùt la lunèla in dol magoù* die Worte *a* m*'à* wohl als gleich-
bedeutend mit *oùm*, d. h. als Plur. „wir haben" auffassen („wir haben
bisher so viele Lieder gesungen, dass wir das Zäpfchen im Schlunde
trocken haben"). Dies könnte vielleicht auch bei *am dìgh* (im 7. stramb.),

-----

*) Ich apostrophiere hier und in den gleich unten folgenden Beispielen, wie
es meine Auffassung des Wegfalles von *a* erfordert. Man könnte übrigens den
Apostroph auch ganz weglassen.

am canti (im 8. stramb.) der Fall sein, obwohl der Zusammenhang
dagegen zu sprechen scheint. Im 1. stramb. bei *am pò, am fà* ist dies
kaum möglich, ja bei *mi m'stà* sogar unmöglich, und es entsteht nun
die Frage: Ist hier *m* das celtische vor der 1. Pers. Sing. eingeschaltete Pronomen, oder ist es ein ethischer Dativ und sind demnach
am pò, am fà, mi m'stà etwa wie it. *io mi posso, io mi fo, io mi sto*
aufzufassen? — Wir haben bisher nur von den dem Verbum *voraus-
gehenden* Partikeln *a, e, i, o, u (ou)* gesprochen. Es fragt sich nun, ob
die Suffixe *ia, ja, i, j*, welche in den lombardischen und ämilianischen
Mundarten nur der 1. Pers. des Verbums *angehängt* werden, mit ihnen
etwas gemein haben? Mussafia romagn. M. § 248 sagt in Bezug auf
das im Romagnol. vor dem Verbum vorkommende *a*: „Bei Fragen
inclinirt ein solches *a* in der 1. Person in der Form - *ja : hoja?*
(*ho io?*), *cardenja?* (*crediamo?*)“. Dieses Suffix -'*ja* (sehr häufig *ia* geschr.)
kommt auch in den übrigen ämilianischen Mundarten vor, z. B. bologn.
coss' hoia da fär „wass soll ich thun?“ Biond. sa. 350; *cmod al pséria
fär* „wie konnte ich es thun?“ ebend. 351; *ch'avènnia a fär nù con-
tadin?* „was wollen wir Bauern machen?“ ebend. 321; *cmod farèmia?*
„wie werden wir machen?“; ferrares. *n' t' l' hoia ditt?* „habe ich es
dir nicht gesagt?“ ebend. 411; *e nù mò quand andarègna?* „und wir
nun, wann werden wir gehen?“ (*gna* aus *nia*) ebend. 415; parmes.
còsa magnaròja? „was werde ich essen?“ ebend. 428; piacent. *cm' òmia
da fä?* „wie sollen wir machen?“ ebend. 440; paves. *st' òja fätt?* „was
habe ich dir gethan?“ ebend. 443. Im Mail. beschränkt sich dieser
Gebrauch auf die 1. Pers. Sing.: *n' hòja vìst mì?* „habe ich nicht gesehen?“ C. 1, 21; *còssa sentia mài!* „was höre ich!“ C. 2, 335, und
in einer zweifelnden Doppelfrage *fùssia mò dessedàa o fùssia in sògn*
„war ich nun wach oder im Schlaf“ C. 1, XLVIII. Sowohl aber in
den ämilianischen als auch in den lombardischen Mundarten überhaupt
wird der 1. Pers. Sing. zuweilen auch blos *i* oder *j* angehängt, z. B.
romagn. *csa stàjhi a la Scrittùra?* „was halte ich mich an die (heilige)
Schrift?“ Biond. sa. 368; piacent. *òi ditt?* „habe ich gesagt?“ ebend.
436; paves. *st' òi fätt?* „was habe ich dir gethan?“ ebend. 444; mail.
che sòj mi? „was weiss ich?“ C. 5, 60; berg. (16. Jh.) *per que . .
n' hoi mi da reverdì?* „warum soll ich nicht wieder grünen?“ Biond.
sa. 683; com. *ch' òi da fä?* „was soll ich thun?“ ebend. 159. Im
Mail. kann auch jedes Suffix fehlen, z. B. *coss' hóo de (?* „was soll
ich thun?“ C. 2, 46; *dóve sévu?* „wo war ich?“ C. ?, 61; *còssa sén'i?*
„was höre ich?“ C. 2, 97; *perchè no m' armi a*... „warum bewaffne
ich mich nicht auch?“ C. 7, 145, und so sehr häufig in dieser Mundart, während in den ämilianischen Mundarten der Gebrauch der nackten
Verbalform in Fragesätzen eine Seltenheit ist. Ich habe wenigstens
nur zwei Beispiele davon in einer bologn. Sprachprobe bei Biond. sa.
343 f. gefunden: *a n' vägh?* „geh ich nicht?“, *a n' cuirò?* „werde ich nicht
erfassen?“ Uebrigens berühren sich die genannten Mundarten bezüglich
der oben erwähnten Suffixe *ia, ja, i, j* mit der venetianischen, welche
sich hier von ihnen nur dadurch unterscheidet, dass sie -*io* (im Sing.
auch -*jo, -gio*) statt -*ia, -ja* anfügt, z. B. Goldoni, le massère 1, 5
v' offendio? „beleidige ich euch?“ 5, 8 *cossa faragio?* „was werde ich

thun?··; pettegol. delle donne 1, 16 *cossa gojo du far?* "was
soll ich thun?··"; il campanile 3, 6 *zoghemio?* "wollen wir spielen?"
Torquato Tasso 4, 8 *semio d'accordo?* "sind wir einig?" Es fragt
sich nun, wie die obigen Suffixe zu deuten seien? Ich glaube,
die ursprüngliche Form derselben sei das ven. *io.* Dieses ist aber,
wie mir scheint, da wo es an die 1. Pers. Sing. angehängt wird,
nichts anderes, als das aus lat. *ego* entstandene *io.* Vgl. auch das fr.
inclinierende Pronomen *je.* An dieses erinnert die in der altbergam.
Sprachprobe bei Biond. sa. 680 vorkommende Stelle: *que doge fà?* —
fr. *que dois-je faire?* In der ämil. M. von Sestola kommt auch statt *i*
das ursprünglichere *e* (von *eo = ego*) vor: *cos dighe mai!* "was sage
ich!" Biond. sa. 404. Was aber die 1. Pers. Plur. anbelangt, so kann
man nach meiner Ansicht nur dann zu einem befriedigenden Resultate
gelangen, wenn man annimmt, dass die Ausgänge *mio, mia, nia, gna*
(vgl. ob. ven. *zoghemio,* bologn. *farèmia, avènnia,* ferrares. *andarègna*)
aus einer Zusammenziehung von *-mus nos* (*mno* = theils *mio,* theils
njo, gno und hieraus wieder *nja, gna*) entstanden seien (vgl. z. B.
mail. *dàyn* von *damnum,* scàgn von *scamnum*; s. auch das aus letzterem
Worte entstandene altven. *scagno* bei Mf. Beitr. 16); denn an *musne*
ist wohl nicht zu denken, weil z. B. *cmod farèmia?* wohl auf *quomodo
facere habemus nos?* aber nicht auf *quomodo facere habemusne?* zurück-
geführt werden kann. Diese Annahme wird auch durch die Thatsache
bestärkt, dass auch an die anderen Personen beider Zahlen die betreffenden Personalpronomina angefügt werden, z. B. mail. C. 6, 240
porùtt? = potes tu? 2, 38 *che fév? = quid facitis vos?* 6, 213 *pòll fà? =
potest ille facere?* 10, 117 *dòrmel = dormit ille?* 8, 490 *no sála? = non
sapit* (d. h. *nescit*) *illa?* 8, 449 *crédela? = credit illa?* Cherub. V. 294
fornirài? = finire habent, d. i. *finient, illi?*

Aberdugàr, altmail. bei Bonves. II, 88, 182 "herumstöbern" (*no
des a l'hom ke mangia . . . aberdugàr cole die in parte o sia sozura* "es
geziemt sich einem Menschen, der isst, nicht, mit den Fingern da
herumzustöbern, wo Schmutz ist".) In gleicher Bedeutung auch romagn.
burghè, moden. *burdighèr,* ferrar. *burdigàr,* parmes. *bordigar.* Letztere
Formen sollen nach Galvani (s. Mf. romagn. M. § 116) mit it. *bordone*
"Stab" zusammenhängen, das nach Diez Wb. I³ s. v. *bordone (1)* vom
lat. *burdo* "Maulthier" herkommt. Die Bedeutung des altmail. *aberdugàr*
konnte leicht in die Bedeutung "beschmutzen" übergehen, daher neumail. *bordegà* (auch com.) "beschmutzen", *bordeghìsia* "Schmutz", *bór-
degh, bordegascént,* "schmutzig". Wie verhält sich aber die Sache mit
com., veltl. *bródigh* "schmutzig", veltl. *brodigàr* "beschmutzen", ueng.
brudgàgn "Schmutz"? Ist hier *ro, ru* umgestellt aus *or, ur* oder hängen
diese Wörter etwa zusammen mit dem ahd. *brod* "Brühe", woraus it.
brodo, broda (s. Diez Wb. I³ unter ersterem Worte), mail. *broeùd, broeùda,*
welche letztere Form eben so wie it. *broda* auch "dünner Schlamm" bedeutet? und ist in diesem Falle umgekehrt anzunehmen, dass im neumail. *bordegà* etc. *or* aus *ro* umgestellt sei? Auf eine solche Umstellung
scheinen auch npr. *borda, bouerda* "Schmutz, Unrath", lod., com. *bórda,* cre-
mask. *bourda* "Nebel" zu weisen, welche Formen wohl entweder vom oben
erwähnten ahd. *brod* oder vom ags. *brodh* (mhd., nhd. *brodem*) herrühren.

Adùn, altmail. bei Besc. 279 „beisammen, zusammen" *(li çudei fòn adùn* „die Juden waren beisammen, kamen zusammen")*;* 285 liest man auch getrennt *ad un (quando tornòn tuti ad un* „als sie wieder zusammenkamen".) Es ist wol nicht von *ad unum* herzuleiten, sondern als synkopiertes Part. Perf. (vgl. Diez Gr. I³, 152) von *adunare* aufzufassen, und daher die Schreibung *ad un* unrichtig. Dies beweist auch der Plural *aduni,* der 304 vorkommt *(una sema k' i eran vegnui in l'una casa tuti aduni* „als sie einmal alle in einem Hause zusammengekommen waren"). Auch *adun* ist ein Plural ohne Flexionssilbe. Solche Nominalformen, welche für beide Zahlen gelten, wie im Neumail., kommen hie und da schon im Altmail. vor, wie z. B. die Plurale *fantin* „Kinder" Besc. 250; *trenta dinàr* „dreissig Denare" 261; *li peccatór* „die Sünder" 318; *li corpi spagurùs* „die von Furcht ergriffenen Körper" Bonv. I, 384, 175 zeigen.

Afantàr (auch *affantàr*) altmail. bei Bonv. I, 456, 729 und öfter, aber wenn ich nicht irre, nur in einem Gedichte *(de eleemosynis)* „entwischen, sich davon machen"; com. *sfantà,* brianzol. *sfantà-via* „verschwinden, schwinden". Die übrigen gleichbedeutenden oder sinnverwandten Formen dieser Sippe s. bei Mf. Beitr. 50, s. v. *desvantar.* Was das Etymon derselben anbelangt, so ist an das a. a. O. erwähnte von Schneller vorgeschlagene Part. Praes. *fagante,* contrah. *fante* (von *facere)* wohl nicht zu denken; aber auch *van-itare,* woran Mussafia erinnert (S. 51, Anm. 2 wird mit Bezug auf die specielle Bedeutung des hier unten zu besprechenden *infantar* auch auf *inventare* hingewiesen) will mir nicht gefallen. Dass das in dem einzigen *desvantar* vorkommende *v* von dem *deutschen* Verfasser des Glossars herrühre, dem es leicht passieren konnte, das romanische *f* durch das deutsche *v* darzustellen, wie dies ja auch Mussafia zugibt, beweist das in allen anderen von Letzterem verglichenen Formen constant vorkommende *f.* Diese Formen dürften aber eben so wie das oben erwähnte bei Mutinelli und Patriarchi vorkommende altven. *infantar* „eine Lüge erfinden, ein falsches Gerede in Umlauf bringen, foppen" mit dem fr. *enfanter* (von *infans)* „gebären" und übertr. „hervorbringen, erzeugen u. dgl." zusammenhängen. Wie man sich nämlich in *enfanter, infantar* das Simplex *fanter, fantar* (vgl. das it. *fante* Diez Wb. II², a) als Factitivum dachte und dem anlautenden *in* gleichsam inchoative Kraft beilegte, so bildete man als Gegensatz zu diesen positiven Formen die negativen *a* (= *ab)-, dis-, des-, s-fantàr* etc., die ursprünglich alle transitive Bedeutung haben mochten, später aber auch in die intransitive übergiengen. Was aber dâs von Mf. erwähnte pad. und wälschtir. *desfàntola* anbelangt, dessen Bedeutung „geschwollene Drüse" der des friaul. *sfantà* im Satze *si sfante lu sglonfidugn* „die Geschwulst legt sich" allerdings diametral entgegensteht, so lässt sich auch dieser scheinbare Widerspruch ohne Schwierigkeit erklären. Die Grundbedeutung der oben erwähnten im Gegensatze zu *enfanter, infantar* gebildeten Verba ist „verschwinden" und „verschwinden lassen". Hieraus entwickelte sich unter anderen auch die des piac. *strafantà* „entstellen, verunstalten" und mit dieser muss wohl auch die des pad. und wälschtir. *desfàntola* zusammenhängen; denn eine geschwollene Drüse ist eben nur eine Verunstaltung unseres Körpers.

Agrezàr, altmail. bei Bonv. II, 88, 109; neumail. *aggresgià*, bresc. *grezà* „antreiben". Vom mhd. *gereizen (grezàre, ad-grezàre, adgresg.)*; vgl. Diez Gr. I³, 88.

Alelnàr, altmail. bei Bonv. II, 89, 148 „aushauchen", hier so viel als „aussprechen". Wie it. *alenare* (Diez Wb. I³) vom lat. *anhelare* „keichen" mit eingeschobenem *i*, wie im fr. *haleine;* vgl. Mf. am. M. § 25. Ebenso scheint mir *aleo* „sehnsüchtig" Bonv. I, 329, 262 von *anhelus* „lechzend" herzukommen, wenn ich übrigens die Stelle *de Criste .. tu, miser Satanas, zamai no fussi aleo* richtig verstanden habe.

Apaìràr, altmail. bei Bonv. I, 489, 419 und 421 „die Heimat oder das Haus verlassen, verreisen, ausgehen". So übersetze ich nach dem mir scheinenden Zusammenhange der citierten Stellen mit der darauf folgenden Erzählung vv. 425—50. Diez Wb. II³, *b* s. v. *pairar* übersetzt aber *apairar* mit „Musse haben", eigentlich „unthätig sein, nicht handeln", welche Bedeutung sich allerdings von der des vorerwähnten pg. *pairar* herleiten lässt, und stellt es mit piem. *pairè*, *apairè*, gen. *apajà* „Musse, Zeit haben" zusammen, wovon noch weiter unten die Rede sein wird. Es mag sein, dass ich mich geirrt habe; übrigens lässt sich ja zwischen meiner Uebersetzung und der von Diez ein gewisser Zusammenhang herstellen; denn müssig, unthätig sein kann auch wer verreist oder ausgeht. Das Gegentheil von *apairar* war wohl *repairar,* welches Verbum jedoch bei Bonv. nur reflexiv und in der übertragenen Bedeutung „in sich kehren, sich zurückziehen, wovon abstehen" gebraucht wird (so I, 327, 192; 325, 131; 452, 568; II, 133, 135). Von diesem Verbum sagt Mf. am. M. § 21, es habe sich in demselben *i* aus *t* entwickelt. Er scheint es also gleicher Herkunft mit dem aus *repatriare* entstandenen pr. *repairar* „heimkehren" (Diez Wb. II³, *c* s. v. *repairer*) zu halten. So liesse sich auch altmail. *apairàr* auf *ab-patriare* zurückführen; das geht aber beim piem. *apairè*, gen. *apajà* wegen des Simplex *pairè* nicht an, welches wohl nicht von *patriare* hergeleitet werden kann. Dagegen liesse sich *pairè* mit dem oben erwähnten pg. *pairar* zusammenstellen, wofern man aber dieses mit *parare* und nicht mit dem bask. *pairatu* „leiden" in Zusammenhang bringt, womit das piem. *pairè* sicher eben so wenig zu schaffen hat, als die ihm verwandten, weiter unten anzuführenden Wörter der mail. Gruppe. Doch liesse sich mit diesen auch neap. *padejare, pariare* „verdauen" und dazu Subst. *padio* „Verdauung" (Mf. Beitr. 85 s. v. *paire*) vergleichen, aus deren Bedeutung sich wohl auch die von „etwas mit Musse thun, müssig, unthätig sein, Musse, Zeit haben" entwickeln konnte. Die vorerwähnten, mit dem piem. *pairè* (resp. *apairè* und gen. *apajà*) verwandten Wörter der mail. Gruppe sind mail. *pàiro, paèira* (veralt. bei Biffi C. 1, 83 und Maggi C. 3, 74, jetzt bloss) *pàri,* brianzol. *pàrio,* com. *pàiro* „Musse, Zeit", auf welche sich auch die von Cherub. III., 266ᵃ angeführten Redensarten *arè bèll pàri, vorèyh bèll pari* „eine schöne Musse nöthig haben" (z. B. *ghe coeùr bèll pàri à casciàss per tuttcòss* „da hätte man viel Musse nöthig, wenn man sich um Alles grämen wollte"), *avè pàri* oder *arè pàri a sbòtt* „sich umsonst bemühen, seine Zeit umsonst verlieren" zurückführen lassen. Nur aus Missverständniss des vorerwähnten *arè*

pàri u ist das gleichbedeutende mail. *arè pariùs* entstanden, und
ebenso ist, wie mir scheint, die com., veltl. Interj. *pairà!* „ja, da gehört viel (Musse, Zeit) dazu" nur eine elliptische Redensart statt *avè*
oder *avègh pàir' à* (vgl. z. B. auch veltl. *se vòl pairà* mit dem gleichbed. mail. *ghe voeúr bèll pàri a* und com. *pairà scoltà tütt i ciàcciar* „da
gehörte viel dazu, wenn man allen Klatschereien Gehör schenken
wollte", was mail. *ghe voeúr bèll pàri a scoltà tütt i ciàccer* lauten würde).
Im Veltl. gebraucht man auch die Interj. *oh pairà! el pairà!*, um in
eigentlichem oder ironischem Sinne auszudrücken, dass etwas leicht
geschehen könne, ebenso *pàjera!* „vergebliche Mühe! Alles umsonst!",
welche Form eine auffallende Aehnlichkeit mit dem oben aus Maggi
angeführten Subst. *pàira* hat. Als wirkliches in der Bedeutung „Musse,
Zeit haben" gebrauchtes Verbum lässt sich allerdings das verbance.
pairà auffassen, wie z. B. in dem von Monti angeführten Satze *an
pàir mìa a fà quèst* „ich habe keine Zeit, dies zu thun".

Astovér, altmail. bei Bonv. I, 381, 22 „geziemen" (*a dir zò no
m' astove* „das zu sagen, geziemt mir nicht"); veltl. *stoù* „nothwendig sein",
auch transit. „nöthigen, drängen". Gleicher Herkunft mit altfr. *estovoir*
„geziemen, nothwendig sein", churw. *stovér* „müssen", d. h. nach Diez
Wb. II³, c s. v. *estovoir* vom lat. *studere*, das carolingische Urkunden
mit Vorliebe da gebrauchen, wo andere *debere* setzen würden. Ist in
astovér das anlaut. *a* eine Vergröberung von *e*, oder so viel als *ad?*

Avlazào, s. unter *Viàzo.*

Balaze, altmail. Plur. bei Bonv. II, 5, 91, wie mir scheint, so
viel als „nackte Stengel, Gestrüpp" und gleicher Herkunft mit altfr.
balais, baleys, altengl. *baleis* „Halm, Gerte", welche Wörter Diez Wb.
II³, c s. v. *balai* aus dem Celtischen herleitet. An der citierten Stelle
bei Bonv. spricht die Rose zum Veilchen und sagt ihm: *ma quand tu
pari in prima, el è ben fregio ancora — le oltre flor quel tempo no paren
miga illora — e senza alcun conforto entre balaze ste sola* „wenn du aber
zuerst erscheinst, ist es noch sehr kalt; zu jener Zeit erscheinen die
anderen Blumen nicht und du bleibst ohne welchen Trost unter den
nackten Stengeln allein!"

Bescuinto, s. unter *Cuintàr.*

Brotàr, altmail. bei Bonv. II, 212, 138 „sich rühren, sich erheben"
(*quand zò intese san Job, el fo im pe levao; — lo qual dal so seder non
era ancor brotao* „als der heilige Hiob, der sich von seinem Sitze noch
nicht gerührt hatte, das vernahm, stand er auf"). Gleichen Ursprungs
mit sp. *brote, brota* „Knospe", sp., pr. *brotar* „knospen", welche Wörter
Diez Wb. I³ s. v. *brote* vom ahd. *broz* „Sprosse", *brozzen* „sprossen,
hervorbrechen" herleitet. Ebenso verhält sich das mit *brotar* gleichbed. npr. *esbroutar* zum neumail. *sbrottà* „einen Laut hervorbringen,
sich muchsen".

CascIàss, neumail. „sich grämen, kümmern", Subst. *casciamént*
„Gram, Kummer, Sorge". In derselben Bedeutung auch altmail.Vb. *percazàrse* bei Bonv. I, 388, 303; 462, 963 und das Part. Präs. *percaziànte*
„besorgt" I, 453, 631; vgl. altven. *percaçarse* „sich bestreben, sich bemühen", it. *procacciarsi* dass. und „sich verschaffen"; in letzterer

Bedeutung auch pr. *se percassur* (Mf. mon. n. 226; Btsch. 223). Das
Grundwort ist *captiare*, woraus it. *cacciare* „treiben, jagen, hetzen";
s. darüber Diez Wb. I³.

Cléra, altmail. bei Bonves. II, 88, 111 „Miene, Gesicht" (*far bella
cléra* „ein freundliches Gesicht machen"), it. *cera* (aus *cara*, s. dies. bei Diez
Wb. I³), auch *ciera* geschr., wie altfr. *chière*; daher *l* aus *i* wie öfter im
Altmail. Siehe darüber Mf. am. M. § 38 und 108,4; mon. a. 122 u. 218.

Comprivár, altmail. bei Bonv. II, 81, 161 „bezähmen, bezwingen".
Verwandt mit dem gleichbedeutenden pr. *apprivadar*, fr. *apprivoiser*,
nur mit dem Unterschiede, dass letztere Formen von *privatus* her-
kommen (Diez Gr. II³, 402), während das altmail. Verbum unmittelbar aus *con-pricare* entstanden ist.

Coronára, altmail. bei Besc. 256 „laufen" (*k' el no ye eu nesun si
çopo, — ke li no corona e euja tosto* „denn niemand schreitet so hinkend
einher, der (od. dass er) nicht gleich hinlaufe und gehe". Ein aus dem
spätlateinischen *currulis* „laufend, eilend" abgeleitetes *currulare*, woraus
nachher durch Uebergang des *l* in *n* (vgl. Diez Gr. I³, 204) *coronare* wurde?

Covédha, altmail. bei Bonves. I, 457, 772 „Begierde". Zusammengezogen aus *cupiditas*, wie churw. *curaida*. Vb. *covedhezár* „begehren" II, 138,
240, wie von *cupiditiare*. Das Adj. *cupidus* lautet bei Bonv. *cúbito* I,
438, 21 (Plur. *cúbiti* I, 440, 108), wovon wieder *cubitoso* I, 438, 13.

Cuinta, f., **cuintér**, m., altmail. bei Bonv. I, 441. 126; 448, 424
„Sorge" und davon das Adj. *cuintoroso* „besorgt" II, 86, 23. Nach
Mf. am. M. § 21, Anm. gleichen Ursprungs mit dem von Diez Wb. I³
s. v. *coitar* verzeichneten altsp., pg. *coita* „Bedrängniss", altsp. *coitoso*
„bedrängt, angetrieben, eilfertig", welche Formen von *coctus* hergeleitet
werden. Wie in diesen, so hat sich auch im altmail. *cuintar*, *cuinter*,
cuintoroso i aus *c* entwickelt; ausserdem ist aber hier auffallender
Weise noch *n* eingeschoben (s. Mf. a. a. O.). Im Neumail. hat sich
aus dieser Familie noch *cuntée* ~ altmail. *cuintér* erhalten, wobei das
ursprünglichere *i* ausgefallen, dagegen das eingeschobene *n* geblieben ist.

Cuintár, recuintár, altmail. bei Bonv. I, 328, 233; 484, 241;
Besc. 302 „erzählen". Nach Mf. am. M. § 21 aus *cogn'tare*, wie pr.
cointar „zu erkennen geben", fr. *cointer*, *cointoier* „unterrichten" bei
Diez Wb. I³ s. v. *conto*. Ebenso *acuintárse* „sich besprechen", Bonv.
I, 453, 616 und *cuinteza* „Bekanntschaft" II, 146, 137, welchen Formen
genau it. *accontarsi, contezza* entsprechen. Hieher und wohl nicht zu
dem oben verzeichneten *cuinta* gehört auch das Adj. *bescuinto* Bonv.
I, 455, 691, das mir nach dem Zusammenhange der Stelle „unkundig,
unwissend, einfältig" zu bedeuten scheint (*lo vescoro fo stremio. no se
dexmostra ello miya, — s'infenze com kom bescuinto* „der Bischof war
erschrocken; er zeigte es aber nicht, sondern stellte sich wie einen
einfältigen Menschen, spielte den Einfältigen"); vgl. wegen des in
tadelndem Sinne gebrauchten *bis* Diez Wb. I³, 70. Ueberdies kommen
bei Bonv. auch Formen vor, wo das *i* vor *n* fehlt, wie z. B. *cuntáo*
„erzählt" I, 458, 802; vgl. noch Mf. a. a. O. Blos von diesen haben
sich im Neumail. die Verba *cuntà* und *recuntà* erhalten, welche aber
sowohl „zählen, wieder zählen", als auch „erzählen, wieder erzählen"
bedeuten, wahrscheinlich in Folge einer Verwischung des Unterschiedes

zwischen den aus *computare* (s. Diez Wb. I³ s. v. *contare*) und den aus *cognitare* entstandenen Formen. Eine solche Verwischung muss auch im Churw. stattgefunden haben; vgl. z. B. ueng. *render quint* „Rechenschaft geben" (mail. *rénd cúnt*) Evang. Matth. 12, 36; *far quint* „Rechnung machen" ibid. 18, 23; *quels, chi 's quintan princips dels pövels* „diejenigen, welche man für die Herrscher der Völker hält" Evang. Marc. 10, 42; *scomandet ad els chi non requintessan ad alchün* „er (Jesus) befahl ihnen, dass sie niemandem erzählen sollten" ibid. 9, 9. Ob dies auch schon bei Bonvesin der Fall war?

Dalmagio, altmail. bei Bonv. II, 11, 69 und 72 „Schaden". Eine Ableitung von *dammun* wie fr. *dommage* (s. dies. b. Diez Wb. II³ c). Diesem entspricht pr. *daumagi*, und hieraus erklärt sich das altmail. anlautende *dal*. Wegen *al — au* vgl. Mf. am. M. 6, Anm. 2, Beitr. 10.

Deo, altmail. = *deus* und wie it. *dio* als Verstärkung von Partikeln verwendet, wie in *etiamdeo* = it. *eziandio* Bonv. I, 333, 455; *quamvisdeo* „obwohl" II, 5, 83; 8, 201; *al men deo* „wenigstens" II, 10, 22; ja sogar *per mor* (it. *amor*) *deo de* „um, zu" *(per mor d'impir lo ventre, per mor deo d'ingrassar* „um den Bauch zu füllen, um fett zu werden") II, 139, 292. Vgl. Diez Wb. II³, *a* s. v. *eziandio;* Mf. mon. a. 129.

Descomiàr, descumiàr, altmail., ersteres bei Besc. 222, letzteres bei Bonv. I, 441, 131 u. ö. „abweisen, fortjagen, vertreiben"; dah. neumail. *descummià* „(Vögel) aus dem Neste vertreiben, (jemanden) fortjagen, sich vom Halse schaffen"; *descummiàss* „das Nest verlassen, sich fort- oder aus dem Staube machen"; *descummiós* „sein Nest gern verlassend"; com. *descumià, descomunià —* neumail. *descummià.* Monti citiert aus den mail. Statuten *excumiare* „aus dem Dienste entlassen", vgl. auch ven. *escomiar* (altven. *combiar* Mf. Beitr. 45) „verabschieden, entlassen, (einem) kündigen", *escomio, escomeo* „Verabschiedung, Entlassung, Kündigung". Die com. Form *descomunià* wiese auf *excomuni(c)are*, sie ist aber wahrscheinlich eine spätere etymologisierende Verbesserung des missverstandenen früheren *descomiar*. Dieses und *descumiàr* sind aber entweder aus *descomiatàr* = it. *scommiatare* „verabschieden" zusammengezogen oder unmittelbar aus *commeare* entstanden, welchem Verbum man in diesem Falle mit Rücksicht auf *commeatus* „Urlaub" transitive Bedeutung gab. An *excuneatus* „aus den Theatersitzen verdrängt" (von einem nicht nachweisbaren *excuneare*) ist schon wegen des constanten *m* des Stammes obiger Formen wohl nicht zu denken. Das eingeschobene *b* haben ausser dem oben erwähnten altven. *combiar* das gleichbed. ferrares. *cumbià* und das tosc. *combiato — it. commiato; s. Mf. a. a. O.*

Dessomentir, altmail. bei Bonv. I, 381, 17 „erwachen, auferstehen". Vgl. damit neumail. *sormentì, insormentì* „erstarrt"; com. *insormentì, insermentì, insementì* „starr, gefühllos machen". Liegt hier das it. *stordimento* (von *torpidus*, vgl. Diez Wb. I³, s. v. *stordire*) oder das neumail. *in-sordimént* „Betäubung" (wie it. *as-sordamento* von *surdus*) zu Grunde? In dem einen oder in dem anderen Falle müssen aus einem synkopierten Subst. *sormént* die Verba *sormentir, insormentir, desomentir* entstanden sein, in welchem letzteren auch noch *r* vor *m* ausgestossen wurde.

Donàn, altmail. Plur. zu *dòna* „Weib, Frau" bei Besc. 314 (der Sing. 268). So auch *madrane* „Mütter" 250, dessen Sing. noch jetzt unter dem niederen Volke und bäuer. *madra* lautet, und neumail. *tosànn,* Plur. von *tósa* (= lat. *tonsa*) „Mädchen". Diese auffallenden Pluralformen hängen ohne Zweifel mit den ähnlichen auf *ains* (z. B. *nonnains* von *nonna, nonne*) in der altfr. 1. Decl. zusammen (s. darüb. Diez Gr. II³, 47). Vgl. auch ueng. *donans* Evang. Matth. 11, 11; *dunans* ibid. 15, 38, neben *duonnas* Psalm. 68, 13 (Sing. *üna duonna* Evang. Matth. 15, 22).

Edro, altmail. bei Bonv. II, 214, 208; 219, 63 „Reise". Vom lat. *iter.*

Etiamdeo, s. unter *Deo.*

Enxir, s. unter *Insir.*

Fiuro „Dieb", **fiura** „Diebin" altmail. bei Bonv. I, 385, 215; II, 11, 79, an ersterer Stelle nur im Plur. *fiuri, fiure,* an letzterer nur im Fem. Sing. *fiura.* Von einem aus *fur* abgeleiteten *fureus, furca,* das dann in die Formen *furio, furia* übergieng, deren Ableitungsvocal *i* in die Stammsilbe hineingezogen wurde. Mf. am. M. 10, Anm. 1 fragt, ob damit nicht *anima fuja* bei Dante zu vergleichen wäre.

Fódro, altmail. bei Bonv. I, 439, 70, neumail. *foeùder* „Getreideabgabe, Getreidelieferung". Vom ahd. *fuotar* „Futter zur Nahrung"; vgl. Diez Wb. I³ s. v. *fodero.* In derselben Bedeutung wird bei Bonv. I, 861, 955 die auffallende aber ohne Zweifel stammverwandte Form *sfrodra* gebraucht (*comanda carre et homini e sfrodra* „er befiehlt Fuhrwerke, Mannschaft und Getreide (oder Futter)". Abgesehen von dem prothetischen *s* und von dem auslautenden *a,* das auch eine neutrale Pluralendung (Diez Gr. II³, 23) sein kann, woher das *r* nach *f*? Sollte dieses von einer unterdrückten Diminutivendung *-ul (fod[e]r-ul[um]*), woraus auch fr. *fourreau,* herrühren, deren *l* in die Stammsilbe hineingezogen und mit dem folgenden *r* assimiliert wurde? Zu dieser Annahme berechtigt auch die Vergleichung mit veltl. *floeùdar* „Futterhafer".

Gàçaro und **gàzaro,** altmail. bei Bonv. II, 16, 263; I, 385, 211 „Ketzer", mit welchem d. Worte es von *καθαρὸς* stammt. Daher auch neumail. (bäuer.) *sghisardda, sghisarénto* „listig, verschmitzt". Vgl. Mf. Beitr. 39, s. v. *buzzerón* a. E., wo noch andere Wörter dieser Sippe angeführt sind.

Gamàito, altmail. bei Bonv. II, 216, 291 „Jammer". Stammverwandt mit altven. *guaimentar* (Mf. mon. a. 222), altfr. *gaimenter,* pr. *gaymentar* (Diez Wb. II³, *c,* s. v. *gaimenter*) „klagen, jammern", welche Verba durch eine Umbildung aus *lamentari* vermittelst der Interj. *guai* entstanden sind. Dem altmail. Verbalsubst. *gamàito* gieng wahrscheinlich ein durch Metathesis des *i* und Ausstossung des *n* entstandener Infin. *gamaitàr* voraus.

Gàzaro, s. unter *Gàçaro.*

Giavàldo, altmail. bei Bonv. I, 438, 26 „geschwätzig, prahlerisch, d. h. mit Worten prahlend, grossprecherisch" (*ni van ni trop giavaldo* „weder eitel, noch zu geschwätzig oder prahlerisch"). Ist meine Uebersetzung richtig, so muss das Wort identisch sein mit fr. *clabaud*

18

„Kläffer", welches Diez Wb. II³, c, s. v. *glapir* mit nhd. *klappen*, mhd. *klaffen* „plaudern" vergleicht. Wegen des Suffixes *aldo* = fr. *aud* vgl. Diez Gr. II³, 376.

Gòlta, altmail. bei Bonv. II, 6, 120 und moden. „Wange". Vom lat. *gabata*, ml. *gavata* „Essgeschirr", woraus *gauta, galta, golta*. Vgl. Diez Wb. I³, s. v. *gota* und Mf. mon. a. 221 s. v. *galtaa*, Beitr. 62, s. v. *galta*.

Golzàr, altmail. bei Bonv. II, 4, 39 „geniessen, sich freuen"; *gòlzo* „Genuss, Vergnügen, Freude" I, 387, 272. Von *gaudium*, woraus *gàldjo*, *gòldjo, gòlzo* und dazu das Vb. *golzàr*. Daneben kommt auch *gaudér* I, 390, 384, *godhér* II, 135, 102 (neumail. *gaudì, godè, gòd*, vgl. mein Gymnasialprogr. Feldkirch 1870, S. 5) und *godhio* I, 386, 223 vor. Das bei Mf. mon. a. 222 verzeichnete *golga* mag vielleicht zur 2. Conjug. gehören, das bonvesin'sche *golza* (II, 4, 39) aber gehört sicher zur 1. und demnach auch zu der Sippe des sp. *gozo* (Diez Wb. II³, b). Ebenso gehört dahin das neumail. *golzà* (daneben, mit Uebergang des *g* in *c*, *colzà* und mit Aphärese *olzà*), das aber bloss die aus der Bedeutung „sich freuen" abgeleitete Bedeutung „sich erkühnen" hat, wie npr. *gausà*. Dafür sagt Bonv. *ossàr* I, 326, 160 und 163 = it. *osare* (von *ausare* Diez Gr. II³, 401) und dah. Subst. *osso, ossanza* „Vermessenheit" I, 322, 397 und 401.

Gordo, altmail. bei Bonv. II, 86, 19 „unmässig"; com. *górd*, *agórd* „gefrässig, gierig" und auf Sachen bezogen „übermässig, reichlich"; neumail. *ingórd* in der ersteren (wie im It.), *agórd* in der letzteren dieser Bedeutungen. Die Formen *górdo* und *górd* dürften wohl zur Berichtigung des Artikels *górdo* bei Diez Wb. I³ dienen, wo behauptet wird, dass dem Italiener *gordo* fehle und dass Ménage das it. *ingordo* unstatthaft aus *gurdus* herleite.

Grenanio, altmail. bei Bonv. I, 384, 160 „jämmerlich". Wohl vom ahd. *grînan* „greinen" (*grinaneus*). Vgl. Diez Wb. I³ s. v. *grinar*.

Homiomo, homiunca, s. unter *Omia*.

Insir, inxir, enxir, altmail. bei Bonv. I, 326, 175; 385, 203 „ausgehen". Von *exire* (vgl. altfr. *eissir, issir* Diez Wb. I³, s. v. *escire*) mit Einschiebung von *n* (vgl. Mf. am. M. § 48, mon. a. 220, s. v. *ensir*). Dagegen regelm. *exe* = *exit* II, 15, 208.

Juriardo, altmail. bei Bonv. I, 385, 179 „der Meineidige". Von *iurare* mit dem Suff. *ardo* = goth. *hardus* (Diez Gr. II³, 385). Der Ableitungsvocal *i* ist hier wahrscheinlich zur Tilgung des Hiatus an die Stelle des ursprünglichen *a* getreten: *iuraardo, iureardo, iuriardo*.

Lavarin, altmail. bei Bonv. II, 142, 381. Mhd. *laeire (lâ*, ahd. *lâo*) „lau" hat auch die übertragene Bedeutung „träge", und diese Bedeutung scheint mir auch dem altmail. Worte zu Grunde zu liegen (*ma se tu voi esse mato cativo e lacarin* „wenn du aber närrisch, böse und träge sein willst"). Wenn ich mich nun in der Auffassung der Stelle nicht geirrt habe, so ist *lavarin* entweder aus *lav-ulin(us)* oder mit der den romanischen Sprachen eigenthümlichen Einschiebung eines *r* (Diez Gr. II³, 282 f.) aus *lave-r-in(us)* entstanden.

Lema, altmail. bei Bonv. II, 137, 178, neumail. *lèmm* „Hülsenfrüchte, Gemüse". Zusammengezogen aus *legumen*.

Lénze, altmail. bei Bonv. II, 89, 141 „lecken" *(lenze le die* „die Finger lecken"). Vom gleichbedeutenden lat. *lingere.* Nicht unmittelbar von diesem Infinitiv, sondern vom Part. *linctus* kommen neumail. *lénc (ct* = neumail. palat. *c)* „glatt, vor Fett glänzend" und *lencià* „glätten, polieren; schniegeln, schminken; schmeicheln".

Madráne, s. unter *Doñàn.*

Maldurár, altmail. bei Bonv. II, 10, 14. Die Fliege sagt zur Ameise, sie (die Fliege) kümmere sich nie um die Beischaffung oder Bereitung ihres Brotes und finde ohne Mühe ihre Nahrung *(in maldurar lo pan zamai no meto eo cura — senza fadigha alcuna eo trovo la mia pastura).* Es scheint also, dass *maldurár* auf das lat. *maturare* zurückzuführen sei, wenn auch das eingeschobene *l* auffallen muss.

Méntro, mintro, altmail. bei Bonv. in der Bedeutung des latein. *usque (mintro a la carne nudha* „bis zum nackten Fleische"; *mintro in fin* I, 442, 163; 451, 547; *mentro in fin* II, 144, 60 „bis zum Ende"; *dal co mintro li pei* „vom Kopfe bis zu den Füssen" II, 214, 183; *mintro mo* „bis jetzt" I, 456, 719). Nach Diez Wb. I³, s. v. *mentre* von *in intro.*

Mocár, altmail. bei Bonv. II, 88, 127, neumail. und in anderen norditalischen Mundarten *moccà* „schneuzen". Von *mucus,* wie fr. *moucher;* s. dies. bei Diez Wb. II³, *c,* und vgl. Mf. Beitr. 79.

Morésta, altmail. bei Bonv. I, 389, 337 = it. *moresca* „Mohrentanz", hier aber allgemeiner für Tanzunterhaltung überhaupt. Der Ausgang *esta* st. *esca* erklärt sich aus dem Reime mit *festa.*

Musinio, altmail. bei Bonv. II, 10, 38, ven. *musina,* com. *mosina,* veltl. *mosnina,* berg. und ver. *mozina, muzina* „Zusammenlegung, Aufsparung, besonders von Geld, Sparpfennig, Sparbüchse".

Nóka, altmail. bei Bonv. I., 444, 240; 454, 671 „nic". Von *nunquam.*

'Omia, ònna, ònne = it. *ogni* (veralt. *ogna, ogne, onne),* worüber Diez Wb. II³, *a.* So z. B., ohne dass man unterscheiden könne, ob das adjectivische Pronomen mit der Ein- oder mit der Mehrzahl verbunden sei, Bonv. I, 453, 634 *omia dì;* I, 330, 307 *omia bén;* Besc. 210 *biare e somença d'ònna gran;* dagegen entschieden mit dem Plural Besc. 321 *li iusti pon stare ònne in paxe,* wie auch in älteren it. Schriften *frutti d'ogni maniere, ogni altri peccati* u. dgl. Beachtenswert sind noch folgende Composita Besc. 310 *omiomo;* 258 *homiomo;* 205 *omiunca homo* = *omnis unquam homo;* 210 *arbore e fruite d'omiunca man* „Bäume und Früchte jeder Gattung"; Bonv. I, 330, 306 *omiunca mal;* 331, 348 *omiunca godhio;* 482, 162 *omunca dì.* Neumail. nur *òmnia pòssa* „alles Mögliche" *(fà omnia pòssa),* wo *pòssa* dem it. *possa* „Gewalt, Macht" (Diez Gr. I³, 291) entspricht. Eine auffallende Aehnlichkeit mit diesen Compositis haben die folgenden unterengadinischen: Psalm. 12, 3 *imminch'ün,* 29, 9 *iminchün* „jeder, jedermann"; 147, 4 *minchüna* „jede" (f.); 6, 7 *imminchanòt* „jede Nacht"; Evang. Luc. 11, 3 *imminchiadì,* Epist. ad Hebr. 7, 27 *imminchadì,* 3, 13 *minchadì* „jeder Tag, jeden Tag, täglich", ferner veltl. *menchedì* „Werkeltag, Alltag" und das gleichbed. tess. *mència,* wo offenbar *dì* zu ergänzen ist. Sollte dies nicht den Beweis liefern, dass diese Formen gleiches Ursprungs mit den oben aus Besc. und Bonv. citierten und nicht, wie Schuchardt (über einige Fälle bedingten Lautwandels im Churw. S. 28) mit Dief. goth. Wb. II, 34, s. v. *manags* meint, mit dem d. *manch*, schwäb. *menig* zusammengesetzt seien? **On**, altmail. bei Bonv. „oder", wie z. B. I, 332, 404 *on ke* „oder dass" 333, 455 *on etiamdeo* „oder auch", und so öfter. Dagegen *o* = it. *ove* I, 329, 276; II, 87, 74, an welch letzterer Stelle man gleich im nächsten Verse *de carne on d'ove on de formagio* „von Fleisch oder von Eiern oder von Käse" liest. Woher dieses *on?*

Oycto, altmail. bei Besc. 213:

> Tute le cose vivente
> D'avanço Adam li impresente
> Serpente, oycto ço k'el criò
> Ad Adam li apresentò.

Biondelli sagt zu der Stelle „La voce oycto in questo verso è così di forma strana, come d'ignota significazione. Anche questa per altro sembra un'aberrazione del copista, e in ogni caso significa: *tutto* ciò ch'ei creò". Aber *oycto* ist nach meiner Ansicht nichts anderes als das Perf. von einem freilich nicht nachweislichen *oyctar* (richtiger *oictar*), das dem sp. *otear* „ansehen, betrachten" (dieses nach Diez Wb. II³, *b*, s. v. *o'ar* von *optare*) entsprechen würde. Der einzige Fehler, und zwar Schreibfehler, welcher Biondelli die Stelle unverständlich machte, liegt, abgesehen von dem mangelnden Accente auf der letzten Silbe von *oycto (oyctò)*, wohl nur in der Interpunction zwischen *serpente* und *oycto*. Setzt man dieselbe nach *oycto*, so lässt sich die Stelle so erklären: „Gott (dies ist nämlich das Subject) betrachtete all die lebenden Wesen, welche sogleich vor Adam einherkrochen; Alles, was er erschaffen, stellte er da Adam vor". Unsere Stelle ist nur ein Auszug aus Genes. I. und II. Vgl. z. B. in der Vulgata I, 31 *Viditque Deus cuncta quae fecerat;* II, 19 *Formatis igitur, Dominus Deus, de humo cunctis animantibus terrae, et universis volatilibus coeli, adduxit ad Adam* cet.

Pegàr, altmail. bei Bonv. I, 444, 259 u. ö., com. *pegà*, com., veltl., neumail. (bäuer. veralt.) *impegà* „beschmutzen, besudeln, beschmieren", altven. *empegar* (Mf. Beitr. 53) dass. Wie sp., pg., pr. *pegar* „leimen, heften", *empegar* „pichen" (s. diese Wörter bei Diez Wb. I³, s. v. *pegar*), von *picare*. Ausserdem in derselben Bedeutung *pegazàr* Bonv. I, 440, 95 u. ö., neumail., com. *spegascià* vom Part. Perf. *picatus* (*picatiare*, vgl. das von Mf. a. a. O. aus dem Catholicon von Johannes de Janua citierte *empeg[h]ezare*) und als Verbalsubst. dazu *pegàzo* Bonv. II, 15, 232, neumail., com. *spegàsc* „Schmutzfleck, Klecks".

Percazàrse, s. unter *Casciàss.*

Pesànçoa, altmail. bei Besc. 320 „Verdruss". Wohl eine synkopierte Diminutivableitung *(pesanç-o[l]a)* aus dem gleichbed. *pesanza* bei Bonv. I, 462, 996, it. *pesanza*, pr. *pesansa* und mit diesen von *pesare* (Diez Wb. I³, s. v. *peso*) kommend.

Piazàr, altmail. bei Bonv. I, 482, 136, eigentlich „auf den Plätzen erscheinen", dann überhaupt „an öffentlichen Orten sich zeigen". Von *piàza*, it. *piazza*, worüber Diez Wb. I³.

Pléo (synkopiert aus *pledo, pledo*) altmail. bei Bonv. II, 89, 158 „Streit". Gleicher Herkunft mit der von Diez Wb. I³, s. v. *piato* verzeichneten Wörterfamilie, denen die Begriffe „Rechtshandel, Vertrag" zu Grunde liegen, d. h. von *placitum*. Daher auch *pleezàr-se* „sich streiten" Bonv. II, 90, 3. Anderer Herkunft (d. h. wie es scheint von *praebere*) sind nach Diez Wb. II³, *c*, s. v. *plevir* und **Mf.** Beitr. 89, s. v. *piezo* ven. *piezar* „Bürgschaft leisten", *piezo* „Bürgschaft".

Plumente, altmail. Plur. bei Bonv. II, 137, 179 „Geflügel". Vgl. lat. *plumans, -antis* „Federn bekommend, flügge werdend" bei Gellius. Auf den Ausgang auf *ente* hat wahrscheinlich das Suff. *entus* (Diez Gr. II³, 381) eingewirkt wie in *someliente* Bsc. 319 neben *somelian'e* 285 (*someliar* — it. *somigliare*) und in den neumail. Adj. *tacchént* „kleberig" (*taccà* — it. *attaccare*), *tajén!* „schneidend" *(tajà* — it. *tagliare* und auch Adj. *tagliente*). Darauf deuten das m. *dolento* (Bonv. I, 325, 97, vgl. auch altven. *somejento* Mf. mon. a. 232) und das f. *dolenta* (Bonv. I, 452, 563), sowie der Umstand hin, dass die obenerwähnten neumail. Adj. im F. Sing. auf *-énta* ausgehen (*tacchénta, tajénta*). Doch scheint im Altmail. die Endung *e* solcher Adjectiva für beide Genera im Singular überwogen zu haben. Im Plural enden die Masculina auf *i* und auf *e*, die Feminina auf *e* (vgl. Mf. am. M. 85 und mein Gymnasialprogr. Feldkirch 1870, S. 22), weshalb man bei *plumente* das Genus nicht unterscheiden kann; doch scheint es nach der citierten Stelle zu urtheilen, wo es neben einem anderen Fem. zwischen zwei Masc. vorkommt (*vin preciusi, plumente, salvadhesine, capon*) ein Fem. zu sein.

Pustàr, altmail. bei Bonv. I, 333, 428 „klopfen". Von *pulsus* (**puls-it-are*).

Quamvisdéo, s. unter *Deo*.

Rampornlàr, altmail. bei Bonv. I, 385, 194 „lästern"; *rampòrnia* „Lästerung" I, 332, 398. Wohl gleicher Herkunft mit it. *rampognare*, *rampogna* (vom deutschen *Rampf* Diez Wb. I³, s. v. *rampa*), woher aber das *r* vor *n*? Verdankt es etwa seinen Ursprung dem euphonischen *s* der altfr. Formen *ramposner, ramposne* (Diez Gr. I³, 456) und sollte dieser Umstand dafür sprechen, dass die altmail. und it. Formen, wenn auch sehr alt, von Frankreich eingeführt seien?

Ravejàr, altmail. bei Bonv. I, 463, 1015 „rasend, wüthend sein", bloss in der Form des Gerundiums *ravejàndo (fo ravejàndo* „war rasend, ausser sich"). Von *rabies*, wie it. *rabbia, arrabbiare*. Das *j* zur Tilgung des Hiatus eingeschoben.

Remonioso, altmail. bei Bonv. I, 332, 426 „erregt, aufgeregt". Mir scheint das Wort entstellt aus *remolinoso*, und dies wäre dann eine Ableitung von *remolino* „Wirbel" (dies von *molina* „Mühle", vgl. Diez Wb. I³, s. v. *mulino*), das sp. in übertragenem Sinne „Unruhe, Verwirrung" bedeutet.

Repairàr, s. unter *Apairàr*.

Resmullàr, altmail. bei Bonv. I, 443, 218 (in der Verbindung *peze resmuliae*) „müffig, schimmelig werden, verfaulen" und verwandt mit fr. *remugle* „müffiger Geruch", das mir mit sp. *mugre* „fettiger Schmutz auf den Kleidern" (Diez Wb. II³, 157) von *mucor* „Kahm,

22

Schimmel- herzukommen scheint? Oder hängt etwa das altmail. Vb.
mit romagn. *remul* „Kleien" zusammen, das Mf. Beitr. 93, s. v. *rémolo*
auf *re-molere* zurückführt, und sollte demnach jenes *peze resmuline* bei
Bonv. so viel als „zerknitterte, abgenutzte Stücke" bedeuten?

Sansánco, altmail. bei Bonv. II, 212, 131, Name eines Windes.
Vielleicht entstellt aus dem sp. *zarzagan* „Brise"?

Scarpàr, altmail. bei Bonv. I, 322, 10 und 323, 45 „entreissen",
I, 323, 40; II, 213, 143; 214, 213 „zerreissen", neumail. *scarpà* in
beiden Bedeutungen, besonders aber in der letzteren. Vielleicht nicht
von *ex-cerpo* oder *dis-cerpo*, woraus altmail. *szerpàr* oder *serpàr*, neumail. *scerpà* oder *serpà* geworden wäre, sondern unmittelbar von *car-
pere* mit Wechsel der Conjugation. Ueber das anlautende *s*, das nicht
gerade aus *ex* oder *dis* entstanden zu sein braucht, s. Diez Gr. I³,
348. Eine Ableitung von *scarpàr* ist *scarpinàr* „zerzausen" Bonv. I,
452, 573; daher veltl. *scarpinà* „entwirren, krempeln", neumail. *scar-
pignàss* „sich zerzausen", *scarpignàu*, com., veltl. *scarpinàa* „zerzaust".

Semblato, altmail. bei Besc. 224 „Antlitz, Gestalt". Von *similis*
(*sim'latum*), wie das gleichbed. it. *sembiante*, worüber Diez Wb. I³, s.
v. *sembrare*.

Semonire, altmail. bei Besc. 256 „ermahnen". Gleicher Herkunft
mit altfr. *semoner*, nfr. *sommer* „auffordern" (s. dies. bei Diez Wb. II³,
c, s. v. *semondre*), d. h. von *summonere*.

Senávre, altmail. bei Bonv. II, 216, 293, neumail. und andere
Mundarten *senárra*, in früherer Zeit auch *senaèvra* (sprich *senèvra*),
pad. *sendrero*, it. *sénape* „Senf", nach Mf. am. M. 43, Beitr. 16 und 104
s. v. *senavro* von *sinapem* mit Einschiebung des *r* nach *v*; könnte aber
hier *r* sowie in *suavre* Bonv. II, 226, 300 nicht von dem *l* des Dimi-
nutivsuffixes *-ulus -ula* herrühren? Vgl. neumail. *menúder*, *menúdra* von
minut-ulus, *minut-ula*.

Sfrodra, s. unter *Fòdro*.

Sglesso, altmail. bei Bonv. I, 459, 861 „Rührung". So auch
neumail. *s'cèss*, *s'cièss*, das auch die Bed. „Furcht" hat. Ausserdem
neumail. *s'cessì*, *s'ciessì* „rühren". Woher? Etwa vom mhd. *sleze* „Alp"?

Siflivri, altmail. Adj. Plur. bei Bonv. I, 382, 93 „zischend" (*ver-
mesoi siflivri* „zischende Würmer, d. h. Schlangen"). Wie fr. *siffler*
(Diez Wb. II³, c) von *sifilare*; daher **sifilabilis* = altmail. Sing. *siflevre*,
Plur. *siflivri*. Wegen der Einwirkung des Flexions-*i* auf das vorher-
gehende betonte *e* s. Mf. am. M. 83.

Smenavenir, altmail. bei Bonv. I, 330, 308 „zum Schaden ge-
reichen, schaden" immer impersonell (so a. a. O. *a lu no smenavén*
„und ihm schadet es nicht"; dann I, 458, 807 *trop gh'è smenavenudho*
„es hat ihm zu viel geschadet"; II, 11, 85 *s'el me smenaven ke* . . . .
„wenn ich den Schaden habe, dass . . . ."). Von *minus habere* mit
prothetischem *s*. Im Neumail. ist daraus ein Verbum *smenà*, gewöhn-
licher *smenàgh* (*gh* = it. *ci*, fr. *y*) oder *smenàgh dénter* geworden, das
ganz nach der 1. Conjug. geht und immer persönlich gebraucht wird,
z. B. *mì ghe smènni*, *tì te ghe smènnet (dénter)* „ich habe, du hast
Schaden (darin)".

Sorbiliar, altmail. bei Bonv. II, 87, 66 „schlürfen". Vom gleichbed. *sorbillare*. Wegen des mouillierten *l* vgl. sp. *sorbillo* „Schlurf".
Sozèrno, altmail. bei Bonv. I, 338, 308 „Aufenthalt", *sozernàr*
„sich aufhalten", it. *soggiorno, soggiornare*, worüber Diez Wb. I², s. v.
giorno. Wie ist in den altmail. Wörtern das *e* vor *r* unter dem Accente
zu erklären? Ich bemerke, dass *sozèrno* zwar an der angezogenen
Stelle und I, 390, 379 mit *infèrno*, dann I, 390, 377 mit *sempitèrno*
reimt, aber II, 10, 25 auch ausser dem Reime vorkommt.
Squinzòso, altmail. bei Bonv. I, 438, 25 „heikel, spröde". Wohl
verwandt mit sp. *esquince* „Bewegung des Körpers, um einem Stosse
oder Schlage auszuweichen", desgl. „geringschätzige, missfällige Ge-
berde". Daher auch neumail. *squincia* „sprödes Frauenzimmer" und it.
schizzinoso = altmail. *equinzoso*. Das sp. Wort stellt Diez Wb. II², *u*,
s. v. *sguancio* mit it. *schincio* „schief" und *schencire* „schief gehen",
übertr. „ausweichen" zusammen.
Strafónder, altmail. bei Bonv. I, 381, 43 „durchbohren". Von
fundus abgeleitet wie fr. *enfoncer* „tief einstossen" (s. dieses bei Diez
Wb. I³, s. v. *fondo*). Das anl. *stra* dürfte nicht sowohl von *extra* als von
trans mit prothet. *s* herrühren. Derselben Herkunft ist *trarònder* Bonv.
II, 86, 42, ueng. *travuonder* „verschlucken, verschlingen", wo *f* in *v*
übergegangen ist.
Stremir, altmail. bei Bonv. I, 388, 300 „erschrecken", im Präs.
Ind., Conj. und Imper. mit dem Ableitungssuffix *-isc* (*stremisce* I, 380,
10; *stremisca* I, 463, 1009), also von *tremiscere* mit prothetischem *s*,
in der Regel intransitiv, aber doch mit dem Part. Perf. Pass. *stremio*
I, 455, 69, *stremìdhi* 490, 453; *stremìa* 452, 576, *stremìdha* 458, 800.
Bei Bosc. 235 *stremiça* (*ç* hier so viel als scharfes *s* aus lat. *sc*, vgl.
Mf. am. M. § 75, wo aber das Zeichen *ç* für scharfes *s* fehlt) auch
transitiv, wie schon bei Vergil *tremiscere*. Daher com. *stremì* transit.
und intransit., neumail. *stremì* nur intransit. neben dem refl. *stremìss*,
in beiden Mundarten aber das Part. Perf. Pass. *stremlì, stremìda*, wie
im Altmail. Merkwürdig ist bei Bonv. das Subst. *stremirio* I, 381, 23 und
386, 228 „Schrecken", dem neumail. *stremìzzi* (bei Mo. *stremìzi*) entspricht.
Stromenàr, altmail. bei Bonv. I, 384, 167 „stürzen" *tugi han fi
stromenài il* (= it. *nel*) *profundo abisso* „alle werden in den tiefen Ab-
grund gestürzt werden". Von *extra* und *minare* (s. dieses bei Diez Wb.
I³, s. v. *menare*). Das *o* vor *m* lässt sich mit dem von *se lomenta* Bonv.
I, 322, 1 vergleichen; s. auch Mf. am. M. § 2 und 133 unter *extra*.
Mit der Bedeutung vgl. neumail. *stramenà, stremenà* „schlagen", com.
„hin und her schütteln" (dah. auch neumail. übertr. „verworren reden,
wüthen"), it. *stramenare*, „übertragen".
Tanfin, tanfin ke, altmail. bei Bonv. II, 88, 134; 89, 137 „so lange"
(*tanfìn tu mangi, tanfìn ke tu mangi*). Von *tantum ad finem quam*, welch
letztere Partikel an der ersteren Stelle unterdrückt ist, und in der Stellung
richtiger als das it. *fintantochè, finattantochè*, neumail. *finna a tànt che*.
Tensàr, altmail. bei Bonv. I, 479, 46; 482, 160 und 163 „be-
schützen". Ein aus *tentus* abgeleitetes Participialverbum, wie altfr. *tencer*
(s. dies. bei Diez Wb. II³, c). Daher veltl. *téns, ténsa* „Bannwald"; tess.
ténsa „Einfriedigung", *tensùa, tensìi* „mit einer Mauer oder Hecke umgeben".

Totán, altmail. bei Bonv. I, 379, 20 „ganz". Von *totus (tot-anus)*. Vielleicht herbeigeführt durch den Reim mit *domán* (= it. *domani*). **Travacàr,** altmail. bei Bonv. II, 86, 23 „hinstrecken". In derselben Bedeutung noch jetzt mant. *stravacàr;* dann neumail. *stravaccàa,* von. *stravacà* „hingestreckt"; neumail. *stravaccà,* com. veltl. *stravacà,* bresc. *streacà* „umstürzen", neumail. übertr. „vom geraden Wege abweichen", und dah. *stravaccàa,* it. *stravacato,* als technischer Ausdruck der Buchdrucker „schief, verschoben", von nicht fest zusammengefügten Seiten; endlich neumail. *stravaccadór,* com. *stravacadóo,* mant. ohne prothet. *s travacadór* „Ableitungscanal". Sinnverwandt damit ist das transit. *trabucàr* „stürzen, hinabstürzen" bei Bonv. I, 324, 66. Dieses ist stammverwandt mit sp., pr. *trabucar,* fr. *trébucher* „zu Boden werfen", intrans. „stürzen, purzeln", welche Formen Diez Wb. I³, s. v. *buco* vom ahd. *bûh* „Bauch, Rumpf" herleitet. Da das unbetonte *a* statt *u* vor *c* nicht befremden dürfte und *v* aus *b* entstehen konnte, so liesse sich auch *travacàr* als eine Nebenform von *trabucàr* betrachten; vielleicht ist es aber besser, für *travacàr* ein Compositum aus *trans* und *vaŕcare* (s. dies. bei Diez Wb. II³, *a* s. v. *varcare*) anzunehmen. An das von Cherub. V, 255 s. v. *stravaccà* verglichene sp. *estragar* „verheeren, zerrütten" (von *strages,* Diez Wb. II³, *c,* s. v. *estrago*) ist gar nicht zu denken.

Traversàr, altmail. bei Bonv. I, 447, 380 „sterben", wie it. *trapassare.* Von *transversus;* vgl. it. *traversare,* fr. *traverser* „über einen Fluss setzen".

Travónder, s. unter *Strafónder.*

Trusàr, altmail. bei Bonv. I, 379, 24 f., neumail. *trussà,* com. *trusà* „stossen", und dazu die Subst. neumail., com. *trùss, trùs, trussàda, trusáda.* Wie pr. *trusar, trussàr* von *trusare* (vgl. Diez Wb. II³, *c,* s. v. *trusar).* Vielleicht gehören auch ven., com. *trussa* „Bettelei", *trussante* „Bettler" hieher (weil der Bettler gleichsam die Personen stösst, die er anbettelt, oder weil er an die Thüren stösst, vor denen er bettelt?) und sind dann diese Wörter zu trennen von der Familie des pr. *truan* „Landstreicher, Bettler" (Diez Wb. I³); sonst liesse sich das eingeschobene *ss* schwer erklären.

Venin, altmail. bei Bonv. II, 142, 383 „Gift", lat. *venenum.* Davon abgeleitet *veninento* „giftig". Ueber das im Mail. so häufige Suffix *-ento* s. Diez Gr. II³, 381 f.; vgl. auch oben *Plumente.*

Vlàzo, vlàço, altmail. bei Bonv. II, 143, 51, Besc. 326 „behend, rasch". Wie altfr. *vias,* pr. *viatz* (Diez Wb. II³, 453) von *vivax.* Daher auch die altven. Adv. *viaçament, viaçamentro* bei Mf. mon. a. 234, wo die *iaus* Jacopone da Todi citierte Stelle *i parenti fur vivaci a renirti a spoglare* gegen Diezens Annahme, dass die vorerwähnten altfr. und pr. Formen von *vivacius* herzuleiten seien, zu sprechen scheint.

Vojàr, altmail. bei Bonv. II, 89, 147, neumail. *rojà,* com. *roeuidà, voidà* „leeren". Gleicher Herkunft mit dem gleichbed. pr. *vuiar* (Diez Wb. II³, *c,* s. v. *vide),* d. h. von *viduare.* Von dem diesem Verbum zu Grunde liegenden *viduus* aber neumail. *voeùj,* com. *roeuit, boeùt* (so bei Monti, vielleicht besser *voeùid, boeùd,* vgl. oben *roeuidà),* piem. *vòid,* sard. *boidu, boitu* „leer, hohl", wie pr. *vuei,* altfr. *vuid, vuit* (Diez a. a. O.). Ihre Entstehung haben all die angeführten oberitalischen Formen wahrscheinlich dem Einflusse der verglichenen provenzalischen und altfranzösischen zu verdanken, und dasselbe dürfte auch bei altit. *voito, voitare, voitezza* der Fall sein. Vgl. darüber Diez Wb. II², *a*, s. v. *voto*. **Xaguiàr**, altmail. bei Bonv. II, 15, 231 „Possen treiben, scherzen". Von *ioculari* mit dem Ableitungsvocal *e* (*iocul-ear*[*i*], *ioculjar*[*i*], vgl. darüb. Diez Gr. II², 399) und folglich verwandt mit it. *giocolare* „Gaukler" (Diez Wb. I²).

Zànio, altmail. bei Bonv. II, 14, 175 „thöricht" und als Subst. „Thor" (*ma quel hom è acegào, quel hom è màto e zanio, ke perde per vanagloria s' el ha qualche bon guadànio* „aber der Mensch ist blind, der Mensch ist närrisch und thöricht oder ein Thor, der aus eitler Ruhmsucht verliert, wenn er irgend einen guten Gewinn hat"). Vom lat. *sannio* „Grimassenschneider, Hanswurst" und folglich anderes Ursprungs als it. *zanni*, das man von *Gianni*, einer Abkürzung von Giovanni, herleitet (s. Diez Wb. II², *a* unter diesem Worte)? Wegen des Ueberganges des anlautenden lat. *s* in *z* vgl. Diez Gr. I², 238.

Zovise, altmail. bei Bonv. I, 388, 321 „fröhlich". Das anlautende *z* entspricht dem palatalen *g* oder *j* im it. *gioioso*, pr. *jojos* (npr. *joyous*), fr. *joyeux* (Diez Wb. I², s. v. *godere*). Auf die übrigen Bestandtheile des Wortes muss aber das lat. *gavisus* eingewirkt haben, es wäre denn, man wollte annehmen, dass die ursprüngliche Form *zousi* gelautet habe (wegen altmail. -*usi* = lat. -*osi* s. Mf. am. M. § 26) und dass dann hieraus nach Einschiebung des *v* zur Aufhebung des Hiatus *zovisi* entstanden sei.

Abkürzungen.

aemil. (ämil.) = aemilianisch (Mundarten der Aemilia)
ags. = angelsächsisch
ahd. = althochdeutsch
altberg. = altbergamaskisch
altengl. = altenglisch
altfr. = altfranzösisch
altit. = altitalienisch
altmail. = altmailändisch
altsp. = altspanisch
altven. = altvenetianisch
armor. = armorisch
bask. = buskisch
bäuer. = bäuerisch
berg. = bergamaskisch
Besc. = altmailändisches Gedicht von Bescapó, herausgegeben iu Biondelli's Studi liuguistici, Milano 1856
Biond. sa. = Biondelli, saggio sui dialetti gallo-italici, Milano 1853
bologn. = bolognesisch
Bonv. = Bouvesin's altmailändische Gedichte, herausgegeben von Bekker in den Sitzungsberichten der Berliner Akademie 1850 (in den Citaten I) und 1851 (in den Citaten II)
bresc. = bresciauisch
brianzol. = brianzolisch (Mundart der Brianza)
Btsch = Bartsch, provenzalisches Lesebuch, Elberfeld 1855
C. = Collezione delle migliori opere scritte in dialetto milanese, Milano 1816-17, in 12 Bänden
Cherub. = Cherubini, vocabolario milanese-italiano, Milano 1839-43, in 4 Bänden (I.-IV.) nebst einem Supplementband, ebend. 1856 (V.)
churw. = churwälsch
com. = comaskisch
cremasch. = cremaskisch
d. = deutsch
Dief. goth. Wb. = Diefenbach, vergleichendes Wörterbuch der gothischen Sprache, Frankfurt a. M. 1851, in 2 Bänden
Diez Gr. = Diez, Grammatik der romanischen Sprachen, 3. Aufl., iu 3 Bänden
Diez Wb. = Diez, etymologisches Wörterbuch der romanischen Sprachen, 3. Ausg., in 2 Bänden
ferrar. = ferraresisch
fr. = französisch
friaul. = friaulisch
gen. = gennesisch
goth. = gothisch
it. = italienisch (Schriftsprache)

lat. = lateinisch
lod. = lodigianisch
M. = Mundart
mail. = mailändisch
Mf. am. M. = Mussafia, Darstellung der altmailändischen Mundart nach Bouvesin's Schriften, Wien 1856
Mf. Beitr. = Mussafia, Beitrag zur Kunde der norditalischen Mundarten im 15. Jahrhundert, Wien 1873
Mf. mon. a. = Mussafia, monumenti antichi di dialetti italiani, enthalten in den Sitzungsberichten der kais. Akad. der Wissenschaften in Wien, philos.-hist. Cl. Bd. 64., S. 113-235
Mf. romagn. M. = Mussafia, Darstellung der romagnolischen Mundart, Wien 1871
mhd. = mittelhochdeutsch
mlat. = mittellateinisch
Mo. = Monti, vocabolario sui dialetti della città e diocesi di Como, Milano 1845 (I.), nebst einem Supplementbande dazu, ebend. 1856 (II.)
moden. = modenesisch
neap. = neapolitanisch
neumail. = neumailändisch
nhd. = neuhochdeutsch
npr. = neuprovenzalisch
pad. = paduanisch
parmes. = parmesanisch
paves. = pavesisch
pg. = portugiesisch
piacent. = piacentinisch
piem. = piemontesisch
pr. = provenzalisch
Rich. = Thomas Richard's antiquae linguae britannicae thesaurus, Bristol 1753
romagn. = romagnolisch
sard. = sardisch
schwäb. = schwäbisch
sp. = spanisch
tess. = tessinisch (im Canton Tessin)
ueng. = unterengadinisch (die besonders angeführten Stellen sind einer Uebersetzung des neuen Testaments und der Psalmen, Frankfurt a. M. 1867, entnommen)
valenz. = valenzanisch (Mundart von Valenza in Piemont)
veltl. = veltlinisch
ven. = venetianisch
verbanes. = verbanesisch (am Lago Maggiore)
wälschtir. = wälschtirolisch
Z. Gr. = Zeuss, grammatica celtica, Lipsiae 1853 (erste Ausgabe).

Schulnaehriehten.

I. Lehrkörper und Fächervertheilung.

Josef Maschka, Director, Mitglied des k. k. Istrianer Landesschulrathes, lehrte Latein in VII. — wöchentlich 5 Stunden.

Johann Krainz, Professor, lehrte Geographie in I., Geschichte und Geographie in III.—V., VII. und VIII. — wöchentlich 20 Stunden.

Josef Boban, Professor, lehrte Freihandzeichnen in der Vorbereitungsclasse und in I.—VIII., dann noch Math. in I. — wöchentlich 22 Stunden.

Johann Berbuč, Professor, lehrte Mathematik in V.—VIII., dann Physik in III. (bloss im 2. Semester), VII. und VIII. — wöchentlich im 1. Semester 18, im 2. Semester 21 Stunden.

P. Hermann Venedig, Professor, lehrte Religion in der Vorbereitungsclasse und in I.—VIII. — wöchentlich 18 Stunden.

Alexander Gloseffi, Professor, lehrte Mathematik in II.—IV., dann Physik in IV. und Naturgeschichte in I., II., III. (in dieser Classe bloss im 1. Sem.), V. und VI. — wöchentlich im 1. Sem. 22, im 2. Sem. 20 Stunden.

Franz Matejčić, Gymnasiallehrer, lehrte Griechisch in VIII., Deutsch in III., Illyrisch in I.—III. — wöchentlich 18 Stunden. Ausserdem Turnen in 3 Abtheilungen — wöchentlich 6 Stunden.

Josef Ivančić, Gymnasiallehrer, lehrte Latein in VIII., Griechisch und Deutsch in IV. und philosophische Propädeutik in VII. u. VIII. — wöchentlich 17 Stunden.

Johann Bapt. Filzi, Gymnasiallehrer, lehrte Latein und Griechisch in VI., und Italienisch in V. und VI. — wöchentlich 17 Stunden.

Heinrich Podersay, Gymnasiallehrer, lehrte Latein und Griechisch in III., Latein in V. — wöchentlich 17 Stunden.

Johann Kalb, Gymnasiallehrer, lehrte Latein und Deutsch in I., Griechisch in VII. — wöchentlich 18 Stunden.

Georg Benedetti, Gymnasiallehrer, lehrte Italienisch in I.—IV., VII. und VIII. — wöchentlich 18 Stunden.

Davorin Nemanić, Gymnasiallehrer, lehrte Latein in IV., Illyrisch in IV.—VIII. — wöchentlich 17 Stunden.

Anton Diak, quiescierter k. k. Realschulprofessor, zur Dienstleistung zugewiesen, lehrte Latein und Deutsch in II., Geschichte und Geographie in II. und VI. — wöchentlich 20 Stunden.

Marcus Guggenberger, geprüfter Supplent, lehrte Deutsch in V.—VIII., und Griechisch in V. — wöchentlich 17 Stunden.

Johann Videucich, Uebungsschullehrer, lehrte Deutsch, Arithmetik und Kalligraphie in der Vorbereitungsclasse, sowie Kalligraphie in einem abgesonderten Curse für Schüler der I. und II. Classe — wöchentlich 19 Stunden.

P. Julius Brunner, Nebenlehrer für den Gesang, lehrte diesen Gegenstand in einem Curse mit zwei Abtheilungen — wöchentlich 3 Stunden.

II. Lectionsplan

a) für die obligaten Lehrgegenstände.

Vorbereitungs-Classe.

Ordinarius: Herr Videucich.

Religion, 2 Stunden. Katholische Glaubens- und Sittenlehre, nach dem Catechismo grande für Volksschulen. Storia sacra dell'antico e del nuovo Testamento, nach dem für Volksschulen vorgeschriebenen Texte. Herr P. Hermann Venedig.

Deutsch, 12 Stunden. Das Wichtigste von der Formenlehre, nach Müller's „Corso pratico di lingua tedesca." Memoriren von Vocabeln und Redensarten; später auch Uebersetzung in's Italienische, und deutsche Erklärung ausgewählter Stücke des vierten Lesebuches für die Volksschulen, nebst Memorirung einzelner solcher Stücke. Häufige schriftliche Hausarbeiten auch zur Uebung im Schreiben, und wenigstens alle vierzehn Tage eine Schulaufgabe. Herr Videucich.

Arithmetik, 3 Stunden. Uebung in den vier Species nach Močnik's viertem Rechenbuche für die Volksschulen. Herr Videucich.

Freihandzeichnen, 3 Stunden. Uebungen im Zeichnen verschiedener Formen, denen die gerade und die ganz einfache krumme Linie, der Winkel, das Dreieck und das Viereck zu Grunde liegen. Anwendung dieser Formen auf Gebilde einfachster Art. Alles nach Vorzeichnungen des Lehrers auf der schwarzen Tafel. Herr Boban.

Kalligraphie (nur in dieser Classe unbedingt obligat), 2 Stunden. Bildung der deutschen und lateinischen Buchstaben. Uebungen in der deutschen und lateinischen Currentschrift. Herr Videucich.

I. CLASSE.

Ordinarius: Herr Kalb.

Religion, 2 Stunden. Katholische Glaubens- und Sittenlehre, nach Leinkauf. Herr P. Hermann Venedig.

Lateinisch, 8 Stunden. Regelmässige Flexionslehre nebst Berücksichtigung der wichtigsten Präpositionen. Adverbien und Conjunctionen, nach Schultzens kleiner Sprachlehre. Praktische Uebungen nach dem Uebungsbuche des genannten Verfassers. Häufig eine schriftliche Hausarbeit, und wenigstens alle vierzehn Tage eine Schulaufgabe. Herr Kalb.

Deutsch, 6 Stunden. Ausführlichere Einübung der Formenlehre, nach Heinrich. Lectüre und Erklärung ausgewählter Stücke des deutschen Lesebuches von Heinrich für die I. Classe. Memoriren von Vocabeln und Redensarten, sowie einzelner Lesestücke. Häufige schriftliche Hausarbeiten, und wenigstens alle 14 Tage eine Schularbeit. Herr Kalb.

Geographie, 3 Stunden. Das Wichtigste von der topischen, mathematischen und politischen Geographie, nach Kozenn. Herr Krainz.

Mathematik, 3 Stunden. Arithmetik: Die vier Rechnungsarten mit unbenannten, einnamigen und mehrnamigen Zahlen und Decimalbrüchen; die Theilbarkeit der Zahlen und die vier Rechnungsarten mit gemeinen Brüchen, nach Močnik. Geometrie: Puncte, gerade Linien, Winkel, Dreiecke, nach Močnik. Herr Boban.

Naturgeschichte, 2 Stunden. 1. Semester: Säugethiere; 2. Semester: Gliederthiere. Alles nach Pokorny. Herr Gioseffi.

Freihandzeichnen, 3 Stunden. Ebene geometrische Gebilde, und zwar gerade und krumme Linien, Winkel, Dreiecke, Vierecke, Vielecke, Kreise, Ellipsen und Combinationen dieser Figuren. Das geometrische Ornament und die Elemente des Flachornamentes. Alles nach Vorzeichnungen des Lehrers auf der Tafel. Herr Boban.

II. CLASSE.

Ordinarius: Herr Diak.

Religion, 2 Stunden. Liturgik, nach Frenzl. Herr P. Hermann Venedig.
Lateinisch, 8 Stunden. Unregelmässige Flexion nebst Wiederholung der regelmässigen; Ergänzung der Genuslehre und gelegentliche Einübung der wichtigsten Theile der Syntax, nach Schultzens kleiner Sprachlehre. Praktische Uebungen und Aufgaben wie in der I. Classe. Herr Diak.
Deutsch, 6 Stunden. Das Wichtigste von der Lehre vom einfachen Satze und gelegentliche Wiederholung der Formenlehre, nach Heinrich. Lectüre und Erklärung ausgewählter Stücke des deutschen Lesebuches für die II. Classe von Neumann und Gehlen. Memoriren, Haus- und Schularbeiten wie in der I. Classe. Herr Diak.
Geschichte und Geographie, 3 Stunden. Geschichte des Alterthums, nach Gindely. Geographie von Europa, Asien und Afrika, nach Kozenn. Herr Diak.
Mathematik, 3 Stunden. Arithmetik: Verhältnisse und Proportionen, einfache Regeldetri, Procentrechnungen, wälsche Praktik, Mass- und Gewichtskunde, nach Močnik. Geometrie: Vierecke, Vielecke; Ausmessung und Aehnlichkeit geradliniger Figuren, nach Močnik. Herr Gioseffi.
Naturgeschichte, 2 Stunden. 1. Semester: Vögel, Reptilien, Amphibien, Fische und die allerwichtigsten Weichthiere, nach Pokorny. 2. Semester: Botanik, nach Pokorny. Herr Gioseffi.
Freihandzeichnen, 3 Stunden. Geometrisches Ornament und Elemente des Flachornaments nach Vorzeichnungen des Lehrers auf der schwarzen Tafel. Zeichnung räumlicher geometrischer Gebilde aus freier Hand nach perspectivischen Grundsätzen durchgeführt an Draht- und Holzmodellen, und zwar gerade und krumme Linien, Polygone, Kreise, stereometrische Körper und deren Combinationen. Herr Boban.

III. CLASSE.

Ordinarius: Herr Matejčić.

Religion, 2 Stunden. Geschichte der göttlichen Offenbarung des alten Bundes, nach Fischer. Herr P. Hermann Venedig.
Lateinisch, 6 Stunden. Casuslehre und das Wichtigste vom Gebrauche der Modi und Tempora, des Particips, Gerundiums und Supinums, nach Schultzens kleiner Sprachlehre. Lectüre: Auswahl aus Cornelius Nepos ed. Halm. Alle 14 Tage abwechselnd eine Haus- und eine Schularbeit mit Zugrundelegung von Hauler's Aufgaben zur Einübung der lateinischen Syntax, I. Theil. Herr Podersay.
Griechisch, 5 Stunden. Formenlehre bis zum Perfectstamm, nach Curtius. Mündliche und schriftliche Uebungen nach dem Hintner'schen Elementarbuche. Vom zweiten Semester an alle 14 Tage eine Haus- und alle 4 Wochen eine Schularbeit. Herr Podersay.
Deutsch, 4 Stunden. Ergänzung der Lehre vom einfachen Satze; Lehre vom zusammengesetzten Satze, nach Heinrich. Lectüre und Erklärung ausgewählter Stücke des deutschen Lesebuches von Neumann für die III. Classe, und Memoriren solcher Stücke. Alle 14 Tage abwechselnd eine schriftliche Haus- und eine Schularbeit. Herr Matejčić.
Geschichte und Geographie, 3 Stunden. Geschichte des Mittelalters, nach Gindely. Geographie von Amerika und Australien, nach Klun. Herr Krainz.
Mathematik, 3 Stunden. Algebra: Algebraische Zahlen, allgemeine Zahlen; Potenzen und Wurzelgrössen; Combinationslehre, nach Močnik. Geometrie: Kreis, Ellipse, Hyperbel und Parabel, nach Močnik. Herr Gioseffi.
Naturgeschichte (im 1. Semester), 2 Stunden. Mineralogie, nach Pokorny, Herr Gioseffi.
Physik (im 2. Semester), 3 Stunden. Allgemeine Eigenschaften der Körper; Aggregationszustände und innere materielle Beschaffenheit; Grundstoffe und chemische Verbindungen; Wärmelehre; Statik der festen Körper, nach Pick. Herr Berbuć.
Freihandzeichnen, 3 Stunden. Zeichnung einfacher Ornamente nach Entwürfen des Lehrers und Vorlagen, mit besonderer Berücksichtigung des griechischen und römischen Styls. Herr Boban.

IV. CLASSE.

Ordinarius: Herr Ivančić.

Religion. 2 Stunden. (Geschichte der göttlichen Offenbarung des neuen Bundes, nach Fischer. Herr P. Hermann Venedig.

Lateinisch, 6 Stunden. Lehre vom Gebrauche der Modi und Tempora, des Particips, Gerundiums, Gerundivs und Supinums: Prosodie und Metrik, nach Schultzens kleiner Sprachlehre. Lectüre: Cäsar de bello Gallico ed. Hoffmann, I., II., VI. und Auswahl aus Ovid ed. Grysar. Alle 14 Tage abwechselnd eine Haus- und eine Schularbeit mit Zugrundelegung von Hauler's Aufgaben zur Einübung der lateinischen Syntax. 2. Theil. Herr Nemanić.

Griechisch, 4 Stunden. Verba auf ω vom Perfectstamme weiter; Verba auf μι und anomala, nebst Wiederholung des im vorigen Jahre behandelten Theiles der Grammatik. Alles nach Curtius mit den einschlägigen Uebungen nach Hintner's Elementarbuche. Alle 14 Tage eine Haus- und alle 4 Wochen eine Schularbeit. Herr Ivančić.

Deutsch, 4 Stunden. Anleitung zur Abfassung der gebräuchlichsten Aufsätze mit Einschluss der geschäftlichen. Lectüre und Erklärung ausgewählter Stücke des deutschen Lesebuches von Neumann und Gehlen für die IV. Classe, und Memoriren solcher Stücke. Haus- und Schulaufgaben wie in der III. Classe. Herr Ivančić.

Geschichte und Geographie, 4 Stunden. Oesterreichische Vaterlandskunde. nach Hannak. Geographie des Küstenlandes, nach Klun. Geschichte der Neuzeit, nach Gindely. Herr Krainz.

Mathematik, 8 Stunden. Algebra: Zusammengesetzte Verhältnisse; zusammengesetzte Regeldetri; Gesellschaftsrechnung, Alligationsrechnung, Zinsenzinsrechnung; Gleichungen des 1. Grades mit einer und mehreren Unbekannten, nach Močnik. Geometrie: Gerade Linien und Ebenen im Raume; die verschiedenen Körperformen und die Ausmessung der Körper, nach Močnik. Herr Gioseffi.

Physik, 3 Stunden. Hydrostatik, Hydrodynamik, Aerostatik, Aerodynamik, Magnetismus, Elektricität, Akustik, Optik und einige Hauptlehren der Astronomie und physikalischen Geographie, nach Pisko. Herr Gioseffi.

Freihandzeichnen, 8 Stunden. Ornamentzeichnen der verschiedenen Stylarten nach gedruckten und plastischen Vorlagen; Zeichnung einfacher Figuren nach Vorlagen; Zeichnungen aus dem Gedächtnisse. Herr Boban.

V. CLASSE.

Ordinarius: Herr Guggenberger.

Religion, 2 Stunden. Die allgemeine katholische Glaubenslehre, nach Wappler. Herr P. Hermann Venedig.

Lateinisch, 6 Stunden. Lectüre: Livius ed. Grysar l. I. und XXI., Ovidius ed. Grysar, Metam. VIII., 611 - 624; XI., 401 - 748; Trist. III., 4; ex Ponto I., 8; Fast. III., 83 - 118. Grammatisch-stilist. Uebungen mit Zugrundelegung von Süpfle's Aufgaben zu lateinischen Stilübungen, 1. Theil. Alle 14 Tage abwechselnd eine schriftliche Haus- und eine Schularbeit. Herr Podersay.

Griechisch, 5 Stunden. Syntax: Casuslehre, Präpositionen, Negationen, Partikeln, Pronomen, Formen der hypothetischen Sätze, nach Curtius. Einschlägige Uebungen nach dem Schenkl'schen Elementarbuche. Lectüre: Ausgewählte Stücke der Schenkl'schen Chrestomathie aus Xenophon, und Homer (ed. Hochegger), Il. I. Alle 14 Tage abwechselnd eine Haus- und eine Schularbeit. Herr Guggenberger.

Deutsch, 3 Stunden. Dichtungsarten. Grundzüge der Metrik, nach Egger's deutschem Lehr- und Lesebuche, I. Theil: einschlägige Lectüre ausgewählter Stücke dieses Buches und Memorirung solcher Stücke. Aufgaben wie in der III. und IV. Classe. Herr Guggenberger.

Geschichte und Geographie, 4 Stunden. Geschichte des Alterthums bis auf Augustus, in Verbindung mit der entsprechenden alten Geographie, nach Gindely. Herr Krainz.

Mathematik, 4 Stunden. Algebra: Die Grundoperationen mit absoluten und algebraischen ganzen Zahlen; Theilbarkeit der Zahlen; gemeine Brüche, Decimalbrüche, Kettenbrüche; Verhältnisse und Proportionen, nach Močnik. Geometrie: Longimetrie und Planimetrie, nach Wiegand. Herr B e r b u č.
Naturgeschichte, 2 Stunden. 1. Semester: Mineralogie, nach Hochstetter und Bisching. 2. Semester: Botanik, nach Wretschko. Herr G i o s e f f i.

VI. CLASSE.
Ordinarius: Herr F i l z i.

Religion, 2 Stunden. Die besondere katholische Glaubenslehre, nach Wappler. Herr P. H e r m a n n V e n e d i g.
Lateinisch, 6 Stunden. Lectüre: Sallust, Iugurtha ed. Linker. Vergil, Aen. II., IV. und Auswahl aus den Georgicis und Bucolicis, nach der Schulausgabe von Hoffmann. Grammatisch-stilistische Uebungen und Aufgaben wie in der V. Classe. Herr F i l z i.
Griechisch, 5 Stunden. Lectüre: Herodot ed. Wilhelm, VII. Homer. Il. II., IV., VI. ed. Hochegger. Fortsetzung der Syntax, besonders der Moduslehre, nach Curtius. Uebungen und Aufgaben wie in der V. Classe. Herr F i l z i.
Deutsch, 3 Stunden. Literaturkunde von den ältesten Zeiten bis zum Erscheinen von Klopstock's Messias, nach Egger's deutschem Lehr- und Lesebuche, II. Theil, 1. Band. Lectüre und Erklärung ausgewählter Stücke dieses Buches, sowie Memorirung einzelner solcher Stücke. Aufgaben wie in der III.-V. Classe. Herr G u g g e n b e r g e r.
Geschichte und Geographie, 3 Stunden. Schluss der Geschichte des Alterthums seit Augustus, und Geschichte des Mittelalters mit den damit im Zusammenhange stehenden geographischen Daten, nach Gindely. Herr D i a k.
Mathematik, 3 Stunden. Algebra: Potenzen, Wurzeln, Logarithmen, Gleichungen des 1. Grades, nach Močnik. Geometrie: Stereometrie und Trigonometrie, nach Močnik. Herr B e r b u č.
Naturgeschichte, 2 Stunden. Zoologie, nach Woldrich. Herr G i o s e f f i.

VII. CLASSE.
Ordinarius: Herr B e r b u č.

Religion, 2 Stunden. Katholische Sittenlehre, nach Wappler. Herr P. H e r m a n n V e n e d i g.
Lateinisch, 6 Stunden. Lectüre: Cic. in Catil. I., Philipp II., Cato maior ed. Klotz. — Vergil. Aen. III., VI. ed. Hoffmann. Stilistische Uebungen mit Zugrundelegung von Süpfle's Aufgaben zu lateinischen Stilübungen, 2. Theil. Aufgaben wie in der V. und VI. Classe. Der Director.
Griechisch, 4 Stunden. Lectüre: Demosth. Olynth. 3., Philipp. 1. ed. Pauly; Homer. Il. XX. ed. Hochegger; Odyss. V., VI. ed. Pauly. Wiederholung der wichtigeren Theile der Syntax. Alle 4 Wochen eine Schulaufgabe und in passenden Zwischenräumen eine Hausarbeit. Herr K a l b.
Deutsch, 3 Stunden. Literaturkunde vom Erscheinen des Klopstock'schen Messias bis zu Schiller's Tode, nach Egger's deutschem Lehr- und Lesebuche, II. Theil, 1. Band. Lectüre ausgewählter Stücke dieses Buches, dann von Lessing's „Minna von Barnhelm" und Goethe's „Hermann und Dorothea". Alle 4 Wochen abwechselnd eine Haus- und eine Schularbeit. Herr G u g g e n b e r g e r.
Geschichte und Geographie, 3 Stunden. Geschichte der Neuzeit mit steter Berücksichtigung der damit im Zusammenhange stehenden geographischen Daten, nach Gindely. Herr K r a i n z.
Mathematik, 3 Stunden. Algebra, 1. Sem.: Unbestimmte Gleichungen des 1. Grades; quadratische Gleichungen; einige höhere und Exponentialrechnungen. 2. Sem.: Progressionen; Combinationslehre; binomischer Lehrsatz; Elemente der Wahrscheinlichkeitsrechnung, nach Močnik. Geometrie, 1. Sem.: Sphärische Trigonometrie. 2. Sem.: Anwendung der Algebra auf die Geometrie; Elemente der analytischen Geometrie in der Ebene sammt den Kegelschnitten, nach Močnik. Herr B e r b u č.

Physik, 3 Stunden. 1. Sem.: Allgemeine Eigenschaften und Unterschiede der Körper; Gesetze der chemischen Verbindungen und Zerlegungen; die wichtigsten chemischen Verbindungen, die zum Verständnisse vieler Lehren nothwendig und durch ihre häufige Anwendung im Leben interessant sind. 2. Sem.: Dynamik fester Körper; Mechanik der tropfbar und ausdehnbar flüssigen Körper; Wellenlehre und Akustik, nach Handl. Herr Berbuč.

Philosophische Propädeutik, 2 Stunden. Logik, nach Lindner. Herr Ivančić.

VIII. CLASSE.

Ordinarius: Herr Krainz.

Religion, 2 Stunden. Kirchengeschichte, nach Fischer. Herr P. Hermann Venedig.

Latein, 5 Stunden. Lectüre: Tac. Hist. I., Agricola ed. Halm, dann Auswahl aus Horaz ed. Linker. Stilistische Uebungen wie in der VII., Aufgaben wie in der V.-VII. Classe. Herr Ivančić.

Griechisch, 5 Stunden. Lectüre: Platons Apologie und Kriton ed. Ludwig. Sophokl. Aias ed. Dindorf. Hom. Od. IX., X. ed. Pauly; II. XVII. ed. Hochegger. Aufgaben wie in der VII. Classe. Herr Matejčić.

Deutsch, 3 Stunden. Literaturkunde vom Tode Schillers bis auf die Gegenwart, nach Egger's deutschem Lehr- und Lesebuche, II. Theil, 2. Band. Lectüre: Schiller's „Wallensteins Tod" und Goethe's „Torquato Tasso" nebst einer Auswahl von Stücken des vorerwähnten Egger'schen Lehr- und Lesebuches II., 2. Schriftliche Arbeiten wie in der VII. Classe. Herr Guggenberger.

Geschichte und Geographie, 3 Stunden. Oesterreichische Vaterlandskunde, nach Hannak. Wiederholung einzelner wichtiger Partien der in der V.-VII. Classe behandelten allgemeinen Geschichte. Herr Krainz.

Mathematik, 2 Stunden. Uebung in der Lösung mathematischer Probleme als zusammenfassende Wiederholung des mathematischen Unterrichts. Herr Berbuč.

Physik, 3 Stunden. Magnetismus, Elektricität; Optik, Wärme; Anfangsgründe der Astronomie, und Meteorologie, nach Pisko. Herr Berbuč.

Philosophische Propädeutik, 2 Stunden. Psychologie, nach Lindner. Herr Ivančić.

b) für die freien, resp. bedingt obligaten Lehrgegenstände.

Italienisch

in zwei parallelen, dasselbe Ziel verfolgenden vierjährigen Lehrcursen, deren einer für Schüler des Unter-, der andere für Schüler des Obergymnasiums bestimmt ist *).

1. **Jahrgang** (am Untergymnasium 9, am Obergymnasium 4 Schüler), 3 Stunden. Regelmässige Declination und Conjugation, dann gelegentlich auch das Nothwendigste von der unregelmässigen und von der Lautlehre, nach Demattio's *Grammatica della lingua italiana ad uso delle scuole.* — Uebung in der Bildung einfacher Sätze. — Lectüre ausgewählter Stücke des *Libro di lettura per le classi del ginnasio inferiore,* parte I. (am Obergymnasium der *Antologia italiana per le scuole commerciali, nautiche e reali superiori, parte I.,* von Pellegrini). — Selbständiges mündliches Wiedergeben oder Memoriren einzelner Lesestücke. — Alle 14 Tage eine schriftliche Arbeit, und zwar abwechselnd eine Haus- und eine Schularbeit. Am Untergymnasium Herr Benedetti, am Obergymnasium Herr Filzi.

2. **Jahrgang** (am Untergymn. 12, am Obergymn. 5 Schüler), 3 Stunden. Ergänzung der Formenlehre und das Nothwendigste von der Wortbildungslehre, nach der oben erwähnten Grammatik von Demattio. — Uebung in der Bildung

---

*) Nach den bestehenden Vorschriften (siehe Programm 1877, Seite 37) galt dieser Lectionsplan für die beiden Landessprachen in diesem Schuljahre am Untergymnasium für alle vier Jahrgänge (I.-IV. Cl.), am Obergymnasium aber bloss für den I. und II. Jahrgang (V. und VI. Cl.), und wurde in der VII. und VIII. Cl. der frühere Lehrplan fortgesetzt, beziehungsweise zum Abschlusse gebracht.

einfacher, immer mehr erweiterter Sätze. — Lectüre ausgewählter Stücke des *Libro di lettura per le classi del ginnasio inferiore, parte II.* (am Obergymnasium: der *Antologia* von Pellegrini wie im 1. Curse). — Selbständiges mündliches Wiedergeben oder Memoriren einzelner Lesestücke, und schriftliche Aufgaben wie im 1. Jahrgange. Am Untergymnasium Herr Benedetti, am Obergymnasium Herr Filzi.

3. Jahrgang (11 Schüler), 3 Stunden. Die wichtigsten Partien der Syntax nach der oben erwähnten Grammatik von Demattio mit einschlägigen Uebungen.— Lectüre ausgewählter Stücke des *Libro di lettura per le classi del ginnasio inferiore, parte III.* — Selbständiges mündliches Wiedergeben oder Memoriren einzelner Lesestücke, und schriftliche Arbeiten wie im 1. und 2. Jahrgange. Herr Benedetti,

4. Jahrgang (15 Schüler). 3 Stunden. Methodische Anleitung zur Abfassung der gebräuchlichsten Aufsätze mit Einschluss der geschäftlichen. — Gelegentliche Andeutungen über di Metrik und über die verschiedenen Dichtungsarten und deren Hauptrepräsentanten in der italienischen Literatur. — Lectüre ausgewählter Stücke des *Libro di lettura per le classi del ginnasio inferiore, parte IV.* — Selbständiges Wiedergeben oder Memoriren einzelner Lesestücke, und schriftliche Aufgaben wie im 1.-3. Jahrgange. Herr Benedetti.

VII. Classe (2 Schüler). 3 Stunden. Literaturkunde: „Il Seicento ed il Settecento“, nach der *Antologia* von Carrara, 3. und 4. Band. — Stilistische Uebungen. Alle 14 Tage abwechselnd eine Haus- und eine Schulaufgabe. Herr Benedetti.

VIII. Classe (anfangs 2, dann nur 1 Schüler). 3 Stunden. Literaturkunde: „L'Ottocento“, nach der *Antologia* von Carrara, 5. Band. — Stilistische Uebungen und Aufgaben wie in der VII. Classe. Herr Benedetti.

Illyrisch

in zwei parallelen Lehrcursen, wie oben bei der italienischen Sprache *).

1. Jahrgang (am Untergymnasium 11, am Obergymnasium 4 Schüler), 3 Stunden. Declination und das Nothwendigste von der Flexion des Verbums und von der Lautlehre, nach Veber's *Slovnica hàrvatska za srednja učilišta.* — Uebung in der Bildung einfacher Sätze. — Lectüre ausgewählter Stücke der *Čitanka za pèrvi razred gimnazijski* von Smičiklas. — Selbständiges mündliches Wiedergeben oder Memoriren einzelner Lesestücke. — Alle 14 Tage eine schriftliche Arbeit, und zwar abwechselnd eine Haus- und eine Schularbeit. Am Untergymnasium Herr Matejčić, am Obergymnasium Herr Nemanić.

2. Jahrgang (am Untergymnasium 7, am Obergymnasium 5 Schüler), 3 Stunden. Abschluss der Formenlehre und das Nothwendigste von der Wortbildungslehre, vom 2. Semester an auch Casuslehre, nach der *Slovnica* von Veber. — Uebung in der Bildung einfacher, immer mehr erweiterter Sätze. — Lectüre aus der *Čitanka za drugi razred gimnazijski* von Smičiklas. — Selbständiges mündliches Wiedergeben oder Memoriren einzelner Lesestücke, und schriftliche Arbeiten wie im 1. Jahrgange. Am Untergymnasium Herr Matejčić, am Obergymnasium Herr Nemanić.

3. Jahrgang (4 Schüler), 3 Stunden. Ergänzung der Casuslehre, Tempus- und Moduslehre, zusammengesetzte und zusammengezogene Sätze, nach der *Slovnica* von Veber, mit einschlägigen Uebungen. — Lectüre aus der *Čitanka za III. razred dolnje gimnazije* von Veber. — Selbständiges mündliches Wiedergeben oder Memoriren einzelner Lesestücke, und schriftliche Arbeiten wie im 1. und 2. Jahrgange. Herr Matejčić.

4. Jahrgang (5 Schüler). 3 Stunden. Methodische Anleitung zur Abfassung der gebräuchlichsten Aufsätze mit Einschluss der geschäftlichen. — Lectüre aus der *Čitanka za IV. razred gimnazijski* von Marković mit gelegentlichen Andeutungen über die Metrik und über die hervorragendsten Dichtungen und Dichter der illyrisch-kroatischen Literatur. — Selbständiges mündliches Wiedergeben oder Memoriren einzelner Lesestücke, und schriftliche Aufgaben wie im 1.-3. Jahrgange. Herr Nemanić.

---

*) Siehe die Anmerkung auf der vorhergehenden Seite.

VII. und VIII. Classe vereinigt (4 Schüler). 2 Stunden. Literaturkunde bis zur neueren Zeit. — Lectüre ausgewählter Stücke der *Čitanka za gornje gimnazije, I. dio*, dann des Epos *Smrt Smail-Age Čengijića* von Mazuranić. Selbständiges mündliches Wiedergeben oder Memoriren einzelner Lesestücke. Alle 4 Wochen abwechselnd eine Haus- und eine Schulaufgabe. Herr Nemanić.

Freihandzeichnen am Obergymnasium.

I. Curs (V. und VI. Classe zusammen 8 Schüler). 2 Stunden. Ornamentzeichnen nach gedruckten und plastischen Vorlagen: Kopfstudien nach Vorlagen; Gedächtnisszeichnungen. — II. Curs (VII. und VIII. Classe zusammen 3 Schüler). 2 Stunden. Höhere Stufe des Ornamentzeichnens nach gedruckten und plastischen Vorlagen: Fortsetzung der Kopfstudien nach Vorlagen: Gedächtnisszeichnungen. Herr Boban.

Kalligraphie

(in einem Curse, und bloss für nicht schön schreibende Schüler der I. und II. Cl. obligatorisch — 12 Schüler).

2 Stunden. Bildung der deutschen und lateinischen Buchstaben. Uebung in der deutschen und lateinischen Currentschrift. Herr Videneich.

Gesang,

in einem Curse mit zwei Abtheilungen.

I. Abtheil. (für Anfänger. 28 Schüler), 2 Stunden. Allgemeine Verhaltungsregeln beim Singen: Notensystem: Uebungen im Notenlesen: Tonleiter; Pausenzeichen; Taktarten. Verlängerung der Noten durch Puncte: Intervalle; Uebungen in Secunden; Terzen. Quarten und Quinten. sowie im Singen zweistimmiger Lieder. — II. Abtheil. (für Vorgerücktere, 20 Schüler), 1 Stunde. Einübung verschiedener mehrstimmiger Lieder mit besonderer Berücksichtigung des kirchlichen Gesanges. Herr P. Julius Brunner.

Turnen

in drei dasselbe Lehrziel verfolgenden Abtheilungen (I. Abtheil., Vorber.-Cl. und I. Cl. 23 Schüler; II. Abtheil., II., III. Cl., 18 Schüler; III. Abtheil., IV.-VIII. Cl. 10 Schüler) mit je 2 Unterrichtsstunden, und jede Unterrichtsstunde mit folgender Eintheilung: 1. Uebungen an den Geräthen; — 2. Ordnungsübungen, Freiübungen. Uebungen mit Hanteln und Stäben; — 3. wieder Uebungen an den Geräthen. Herr Matejčić.

III. Verwendete Lehrbücher nach Gegenständen und Classen.

Religionslehre.

Vorbereitungs-Classe. Il catechismo grande ad uso delle scuole popolari. Wien, k. k. Schulbücher-Verlag. 1872. — Storia sacra del vecchio e nuovo Testamento ad uso delle scuole elementari cattoliche. Ebendas. 1872. — I. Classe. Leinkauf, kurzgefasste Glaubens- und Sittenlehre. 6. Auflage. — II. Classe. Frenzl. Liturgik, 3. Auflage. — III. Classe. Fischer, Geschichte der göttlichen Offenbarung des alten Bundes, 3. Auflage. — IV. Classe. Fischer, Geschichte der göttlichen Offenbarung des neuen Bundes, 3. Auflage. — V. Classe. Wappler, Lehrbuch der katholischen Religion für die oberen Classen der Gymnasien, I. Theil, 3. Auflage. — VI. Classe. Wappler, Lehrbuch wie vorher, II. Theil, 2. Auflage. — VII. Classe. Wappler, Lehrbuch wie vorher, III. Theil, 2. Auflage. — VIII. Classe. Fischer, Lehrbuch der Kirchengeschichte. 2. Auflage.

Lateinische Sprache.

I. und II. Classe. Schultz, kleine lateinische Sprachlehre, 15. Auflage. — Desselben Verfassers Uebungsbuch zur lateinischen Sprachlehre, 11. Auflage. — III. Classe. Schultz, kleine lateinische Sprachlehre wie in der I. und II. Classe. — Hauler, Aufgaben zur Einübung der lateinischen Syntax, I. Theil, Casuslehre, 2. Auflage. — Cornelius Nepos ed. Halm. — IV. Classe. Schultz, kleine lateinische Sprachlehre wie in der I.-III. Classe. — Hauler, Aufgaben zur Einübung der lateinischen Syntax, II. Theil, Moduslehre. — C. Iulii Caesaris commentarii de bello Gallico recogn. E. Hoffmann. — P. Ovidii Nasonis carmina selecta, in usum scholarum ed. J. C. Grysar. — V. Classe. Süpfle, Aufgaben zu lateinischen Stilübungen, 16. Aufl. — Ovidii carmina wie in der IV. Classe, dann T. Livii ab urbe condita librorum partes selectae, in usum scholarum ed. J. C. Grysar, vol. I. et II. — VI. Classe. Süpfle, Aufgaben zu lateinischen Stilübungen wie in der V. Classe. — C. Sallustii Crispi Iugurtha recogn. Linkerus, 4. Aufl. — P. Vergilii Maronis Aeneidos epitome, accedit ex Georgicis et Bucolicis delectus, scholarum in usum ed. E. Hoffmann. — VII. Classe. Süpfle, Aufgaben wie oben, II. Theil, 16. Auflage. — M. Tullii Ciceronis orationes selectae XXI und Cato maior ed. Klotz. — P. Vergilii Maronis Aeneidos epitome etc. wie in der VI. Classe. — VIII. Classe. Süpfle, Aufgaben wie in der VII. Classe. — Cornelii Taciti libri qui supersunt, tert. recogn. Car. Halm. — Horatii carmina ed. Linker.

Griechische Sprache.

III. und IV. Classe. Curtius G., griechische Schulgrammatik. 12. Auflage. — Hintner, griechisches Elementarbuch, 2. Aufl. — V. Classe. Grammatik wie in der III. und IV. Classe, dann Schenkl's griechisches Elementarbuch, 9. Auflage und Chrestomathie aus Xenophon, 6. Auflage. — Homeri Iliadis epitome ed. Hochegger, pars I. — VI. Classe. Grammatik wie in der III.-V., Elementarbuch wie in der V. Classe, dann Herodoti de bello Persico librorum epitome ed. And. Wilhelm. 4. Aufl., und Homeri Iliadis epitome wie in der V. Classe. — VII. Classe. Demosthenes, zehn Reden herausgeg. von Pauly. — Homeri Iliadis epitome ed. Hochegger, pars II., Odysseae epitome ed. Pauly, pars I., 3. Aufl. — VIII. Classe. Platous Apologie des Sokrates und Kriton erkl. von Ludwig, 5. Aufl. — Sophoclis Aias ed. Diudorf. — Homeri Iliadis und Odysseae epit. wie in der VII. Classe.

Deutsche Sprache.

Vorbereitungs-Classe. Müller G., Corso pratico di lingua tedesca, Turin. Loescher. 1871. — Ullrich. Lesebuch für österreichische Volks- und Bürgerschulen. 4. Theil. Wien. k. k. Schulbücherverlag, 1877. — I. Classe. Heinrich. Grammatik der neuhochdeutschen Sprache für Mittelschulen und verwandte Anstalten. 2. Aufl., dann desselben Verfassers deutsches Lesebuch für die erste Classe der Mittelschulen. — II. Classe. Grammatik wie in der I. Classe. — Neumann und Gehlen, deutsches Lesebuch für die zweite Classe der Gymnasien und verwandten Anstalten, 6. Aufl. — III. Classe. Grammatik wie in der I. und II. Classe. — Lesebuch wie vorher für die dritte Classe, 5. Aufl. — IV. Classe. Grammatik wie in I.-III. Classe. — Lesebuch wie vorher für die vierte Classe. 4. Aufl. — V. Classe. Egger. deutsches Lehr- und Lesebuch für höhere Lehranstalten. 1. Theil. 5. Aufl. — VI. und VII. Classe. Egger, deutsches Lehr- und Lesebuch wie vorher. II. Theil. 1. Band. 5. Aufl. — VIII. Classe. Egger, deutsches Lehr- und Lesebuch wie vorher. II. Theil. 2. Band, 3. Aufl.

Geographie und Geschichte.

Vorbereitungs-Classe. Amthor und Issleib. Volksatlas über alle Theile der Erde. 22. Aufl. Gera. Issleib und Rietschel. 1875. — I. Classe. Kozenn. Leitfaden der Geographie für Mittel- und Bürgerschulen der österreichisch-ungarischen Monarchie. 6. Aufl. von Jarz. — Stieler. Schulatlas der neuesten Erdkunde. Ausgabe für die öst.-ung. Monarchie in 37 Karten. — II. Classe. Kozenn. Leitfaden d. Geographie wie in der I. Classe. II. Theil. — Gindely. Lehrbuch der allgemeinen Geschichte für die unteren Classen der Mittelschulen. 1. Band, das Alterthum. 6. Aufl. — Stieler. Schulatlas wie in der I. Classe. — Kiepert. historisch-geographischer Schulatlas der alten Welt in 16 Karten. — III. Classe. Klun. Leitfaden für den geographischen Unterricht an Mittelschulen. 15. Aufl. — Gindely, Lehrbuch der allgemeinen Geschichte für die unteren Classen der Mittelschulen. 2. Band. das Mittelalter, 5. Aufl. — Stieler, Schulatlas wie in der I. und II. Classe. — IV. Classe. Klun. Leitfaden für den geographischen Unterricht, wie in der III. Classe. — Hannak. österreichische Vaterlandskunde für die unteren Classen der Mittelschulen, 5. Aufl. — Gindely. Lehrbuch der allgemeinen Geschichte für die unteren Classen der Mittelschulen. 3. Band, die Neuzeit. 5. Aufl. — Stieler. Schulatlas wie in der I.-III. Classe. — V. Classe. Gindely. Lehrbuch der allgemeinen Geschichte für Obergymnasien, 1. Band, das Alterthum. 4. Aufl. — Kiepert, Schulatlas der alten Welt wie in der II. Classe. — VI. Classe. Gindely. Lehrbuch wie vorher. 2. Band, das Mittelalter. 4. Aufl. — Stieler. Schulatlas wie in der I.-IV. Classe. — VII. Classe. Gindely. Lehrbuch wie vorher. 3. Band, die Neuzeit. 4. Aufl. — Stieler, Schulatlas wie in der VI. Classe. — VIII. Classe. Hannak, österreichische Vaterlandskunde für die oberen Classen der Mittelschulen, 5. Aufl. — Stieler, Schulatlas wie in der VII. Classe.

Mathematik.

Vorbereitungs-Classe. Močnik. Viertes Rechenbuch für die Volksschulen. Wien. k. k. Schulbücherverlag 1871. — I. und II. Classe. Močnik. Lehrbuch der Arithmetik für die Untergymnasien. 1. Abtheilung. 23. Aufl. — Desselben Verfassers Geometrische Anschauungslehre für das Untergymnasium. 1. Abtheilung. 15. Aufl. — III. u. IV. Classe. Močnik. Lehrbuch der Arithmetik für die Untergymnasien. 2. Abtheil., 17. Aufl. — Desselben Verfassers Geometrische Anschauungslehre für das Untergymnasium. 2. Abtheilung. 10. Aufl. — V. Classe. Močnik. Lehrbuch der Arithmetik und Algebra für die oberen Classen der Mittelschulen, 16. Aufl. — Wiegand. Planimetrie, 1. Cursus. 10. Aufl.: 2. Cursus. 8. Aufl. — VI.-VIII. Classe. Močnik. Lehrbuch der Arithmetik und Algebra wie in der V. Classe, dann desselben Verfassers Lehrbuch der Geometrie für die oberen Classen der Mittelschulen, 12. Aufl.

Naturgeschichte.

I. Classe. Pokorny, illustrirte Naturgeschichte des Thierreichs. 13. Aufl. — II. Classe. Pokorny, illustrirte Naturgeschichte des Thierreichs wie vorher. dann des Pflanzenreichs. 10. Aufl. — III. Classe. Illustrirte Geschichte des Mineralreichs. 9. Aufl. — V. Classe. Hochstetter und Bisching. Leitfaden der Mineralogie und Geologie. 2. Aufl. — Wretschko. Vorschule der Botanik. 2. Aufl. — VI. Classe. Woldrich. Leitfaden der Zoologie, 2. Aufl.

Physik.

III. Classe. Pick. Vorschule der Physik für die unteren Classen der Mittelschulen, 2. Aufl. — IV. Classe. Pisko. Lehrbuch der Physik für Untergymnasien, 4. Aufl. — VII. Classe. Handl, Lehrbuch der Physik für die oberen Classen der Mittelschulen. — VIII. Classe. Pisko, Lehrbuch der Physik für Obergymnasien. 4. Auflage.

Philosophische Propädeutik.

VII. Classe. Lindner, Lehrbuch der formalen Logik. 4. Aufl. — VIII. Classe. Lindner. Lehrbuch der empirischen Psychologie, 5. Aufl.

Italienische Sprache.

I. Jahrgang. Demattio. grammatica della lingua italiana. Wien, k. k. Schulbücherverlag, 1871. — Libro di lettura per le classi del ginnasio inferiore, parte I.; am Obergymnasium: Pellegrini, antologia italiana per le scuole commerciali, nautiche e reali superiori. parte I. — II. Jahrgang. Demattio, grammatica wie vorher. — Libro di lettura wie vorher, parte II.; am Obergymnasium: Pellegrini. antologia wie vorher. — III. Jahrgang. Demattio. grammatica wie vorher. — Libro di lettura wie vorher, parte III. — IV. Jahrgang. Demattio, grammatica wie vorher. — Libro di lettura wie vorher, parte IV. — VII. Classe. Carrara, antologia italiana, vol. III. e IV. — VIII. Classe. Carrara, antologia italiana, vol. V.

Illyrische Sprache.

I. Jahrgang. Veber, slovnica hèrvatska za sreduja ücilišta. Agram, 1876. — Smičiklas, čitanka za I. razred gimnazijski. Agram, Gaj. 1875. — II. Jahrgang. Veber, slovnica wie vorher. — Smičiklas, čitanka za II. razred gimnazijski. Agram, Gaj, 1875. — III. Jahrgang. Veber, slovnica wie vorher. dann desselben Verfassers čitanka za III. razred dolnje gimnazije. Wien, k. k. Schulbücherverlag, 1871. — IV. Jahrgang. Veber. slovnica wie vorher. — Marković, čitanka za IV. razred gimnazijski. Agram. Gaj, 1874. — VII. und VIII. Classe. Veber's čitanka za gornje gimnazije, 1. dio. Wien. k. k. Schulbücherverlag. 1856; Mazuranić, Smrt Smail-Age Čengijića, 5. Aufl. Agram, Jukić, 1862.

IV. Themen für die oberen Classen

zu den Aufsätzen in der Unterrichtssprache und in den Landessprachen.

---

a) Deutsch

V. CLASSE.

Klein Roland, Erzählung nach Uhlands gleichnamigem Gedichte. — Wie schützt man sich gegen Kälte? — Wie erzählt die Sage Tells Tod? Das Wesen der Sage darnach erläutert. — Gudrun's Klage. — Uebergang der Burgunden über die Donau. — Kurzgefasste Inhaltsangabe des ersten Gesanges von Wieland's Oberon. — Die höfischen Sitten des Mittelalters mit Zugrundelegung des Empfanges der Burgunden in Bechlarn. — Vorbereitungen Kyros des Jüngern zum Zuge gegen seinen Bruder Artaxerxes. — Otto der Fröhliche empfängt die Herzogswürde in Kärnten (nach A. Grün). — Die Kraniche des Ibykus. Angabe des Inhaltes und Grundgedankens. — Die Schlacht bei Kunaxa (nach Xenophon). — Schilderung der französischen Zustände nach Schiller's Prolog im Drama „die Jungfrau von Orleans". — Feierlichkeiten bei Gelegenheit der silbernen Hochzeit unseres Kaiserpaares. — Steter Tropfen höhlt den Stein. — Gedankengang und Erklärung des Gedichtes Chamisso's „die Kreuzschau". — Entwurf zu einer Chrie über das Sprüchwort: „Was du heute kannst besorgen, verschiebe nicht auf morgen". — Ausführung der obigen Disposition. — Warum geriethen Achilles und Agamemnon in Streit? — „Ein gutes Gewissen ist ein sanftes Ruhekissen" (Chrie). — Vorschläge an einen Mitschüler über die weise Benützung der Ferien.

VI. CLASSE.

Meine Erlebnisse in den letzten Ferien (in Briefform). Wie gewann Siegfried Criemhilden zum Weibe. — Gewitter und Krieg (Parallele). — Wodurch gewinnt Hagen im Nibelungenliede unsere Theilnahme? — Welche Sagen wurden im Mittelalter hauptsächlich poetisch bearbeitet? — König Albrechts Tod (nach Ottokar's österreichischer Chronik). — Durch viele Streiche fällt selbst die schwerste Eiche. — Charakteristik des Philo (nach Klopstock's Messiade IV.). — Hans Sachs. Ein Dichterbild (nach Göthe's „Hans Sachsens poetische Sendung"). — Das Buch als guter und schlimmer Freund. — Gedankengang der Rede des Kaiphas in Messiade IV. 25 ff. — Inhaltsangabe der Ode „die beiden Musen". — Der Frühling. Schilderung. — Die Tellsage (nach Lavater). — Frühling und Herbst. Vergleichung. — Wie können auch böse Beispiele uns nützlich werden? — Das Blümchen Wunderhold (Gedankengang). — Eine Unterbrechung unseres Glückes ist zuweilen recht heilsam. — Welche Bedeutung hat Klopstock für die Entwicklung der National-Literatur?

VII. CLASSE.

Gedankengang im ersten Monologe Iphigeniens (in Göthe's Iphigenie auf Tauris). — Disposition zu Schiller's Abhandlung: „Was heisst und zu welchem Ende studiert man Universalgeschichte". — Inhalt der 3. olynthischen Rede. — Zusammenhängende Angabe der Handlung in den beiden ersten Aufzügen von „Minna von Barnhelm". — Schilderung eines beliebigen Charakters der im obigen Lustspiele vorkommenden Personen. — Rüdiger von Bechlarn im Widerstreite der Pflichten. — Die Ankunft des Odysseus im Lande der Phäaken. — Welche Aufgabe hat sich Lessing in der „Hamburger Dramaturgie" gestellt und wie hat er sie gelöst? — Goethe und Schiller als Xeniendichter. — Charakteristik des Pfarrers und Apothekers in „Hermann und Dorothea".

VIII. CLASSE.

Eine Wanderung oder ein Ereigniss in den letzten Ferien. — Welche Mittel wendet Antonius in Caesars Leichenrede an, um das Volk gegen dessen Mörder aufzustacheln? — Welchen Unterschied zwischen der deutschen und nordischen Gestaltung der Nibelungensage ersehen wir aus dem _andern Gudrunenliede"? — Inhalt des Torquato Tasso von Goethe. — Gedanken am Grabe eines Mitschülers. — Wallensteins Lage zu Beginn der Tragödie „Wallensteins Tod". — Zusammenhängende Erzählung des Inhaltes der beiden ersten Aufzüge in der Tragödie „Wallensteins Tod". — Heldenmut der Römer in den Zeiten der Gefahr und des Unglückes.

b) Italienisch.

VII. CLASSE.

La povertà non è un danno. — La virtù è più della nobiltà. — Varietà delle scene o degli oggetti della campagna. — Scultore in atto di lavorare. — Carattere della prosa nel secolo decimo settimo e quali scrittori l'abbiano trattata degnamente. — C'è nel seicento vera poesia, ed in che sta il merito dei veri poeti di questo secolo? — Dimostrare i vantaggi della pace di fronte ai molteplici danni della guerra. — Dimostrare la turpitudine dell'ozio pei funesti effetti ch'esso produce nell'ingegno, nel corpo e nell'interesse dell'uomo. — Carlo Goldoni qual ristauratore del teatro comico italiano. — Francesco Petrarca (ritratto). — L'arrivo di un convoglio all'ultima stazione. — La conversazioue coi buoni è la migliore scuola dei costumi. — Doveri verso il prossimo. — Vittorio Alfieri riformatore del teatro tragico. — Una versione dal tedesco.

VIII. CLASSE.

Nosce te ipsum. — È la morte un bene o un male? — Il mare e le sue ricchezze. — Solennità del mettere in acqua la prima volta la nave. — Ogni uomo è tenuto a lavorare. — Qual merito si debba al Monti come poeta e come traduttore. — Breve cenno sull'epopea epico-romanzesca nei secoli decimo quinto e decimo sesto. — Fare il compiuto ritratto d'un avaro. — La vera amicizia. — Dimostrare di quanto momento sieno la dolcezza, la grazia e la piacevolezza delle maniere. — Concordia res parvae crescunt, discordia maximae dilabuntur. — Una versione dal latino.

c) Illyrisch.

VII. und VIII. CLASSE.

1. Smiona pomaže sreća. — 2. Slovjenska liturgija u Dalmaciji. — 3. Po volji (pišano čakavskim narječjem). — 4. Boj posavskih Hrvata sa Franci. — 5. Oči sbore što jim veli srce (Gorski vienac). — 6. Radost, plam u grudi, — Um u glavi budi (Trnski). — 7. Viribus unitis. — 8. Što je bolje, mudra glava ili puna kesa? — 9. Karakterna crtica: Zadovoljnik. Motto: Liepo nam je, dobro nam je, još se boljemu nadamo. — 10. Zakon Vinodolski.

V. Statistische Notizen. — Tabelle 1.

Zahl, Vaterland, Religionsbekenntniss, Muttersprache, Altersjahre der Schüler und deren Classification am Ende dieses Schuljahres.

Richtigstellung der vorjährigen Classification.

(Es folgt eine umfangreiche, stark gedrehte und schwer lesbare statistische Tabelle mit den Spaltengruppen "Anzahl der Schüler", "Vaterland (nach der Ortszuständigkeit)", "Muttersprache", "Altersjahre", "Classification am Ende des Schuljahres 1878—79" und "Richtigstellung der Classification am Ende des Schuljahres 1877—78", gegliedert nach den Schul-Classen Vorber. Cl., I.–VIII. Die einzelnen Zahlenwerte sind aufgrund der Bildqualität nicht zuverlässig lesbar.)

V. Statistische Notizen. — Tabelle 2.

Schulgeld, Aufnahms-Taxen, Taxen für Zeugniss-Duplicate, Lehrmittelbeiträge der
Schüler, Zuschuss des Staates für die Lehrmittelsammlungen.

Schul-Classe	Schulgeld 1. Sem. 135 Schüler Befreit	Schulgeld 1. Sem. Halb befreit	Schulgeld 1. Sem. Zahlend	Schulgeld 2. Sem. 126 Schüler Befreit	Schulgeld 2. Sem. Halb befreit	Schulgeld 2. Sem. Zahlend	Eingehobener Betrag fl.	Eingehobener Betrag k.	Aufnahmstaxen fl.	Aufnahmstaxen k.	Taxen für Zeugn.-Dupl. fl.	Lehrmittelbeiträge der Schüler**) à 50 k. p. Sch. fl. k.	Zuschuss des Staates: 400 fl. die Bibliothek und den histor.-geogr. Unterricht	das physikalische Cabinet	das naturhistorische Cabinet	den Zeichen-unterricht	Summe
Vorber.-Classe	18	—	5	13	1	7	62	50	*)	—							
I.	13	3	7	14	1	5	81	—	44	10							
II.	12	1	8	9	1	9	108		2	10							
III.	13	—	3	10	—	1	42	—	4	20	8	—					
IV.	13	2	5	8		12	108		—		10	—					
V.	7		3	7		3	36		—	—	4	50					
VI.	7	1	3	5	1	4	48	—	—	—	5	50					
VII.	5	—	2	4	—	3	30		2	10	3	50					
VIII.	3	—	1	1	1	3	27	—	6	30	3	—					
Summa	91	7	37	71	5	50	545	50	58	80	6	34 50	160	150	50	40	400

*) Von den Schülern der Vorbereitungs-Classe wird keine Aufnahmstaxe
eingehoben. — **) Nach der bisherigen Gepflogenheit wurden diese Beiträge erst
von der dritten Classe an eingehoben.

V. Statistische Notizen. — Tabelle 3.

Stipendien und stipendienartige Unterstützungen.

Benennung der Stipendien und der stipendienartigen Unterstützungen	Anzahl der Stipendien oder Unterstützungen	Einzel-Beträge der Stipendien oder Unterstützungen		Totalsumme der bezogenen Stipendien oder Unterstützungen	
		fl.	kr.	fl.	kr.
Staatsstipendien für Studierende der quarnerischen Inseln und zwar { in beiden Semestern bezogene .	4	100		} 450	—
bloss im 1. Semester bezogene .	1	50			
Gymnasial-Staats- (Cameralfonds-) Stipendien	7	84	—	588	—
Bischof Raunicher'sche Stipendien	3	100	—	300	—
Torreani'sche Stipendien	2	52	50	105	—
Gräflich Windhag'sches Stipendium . . .	1	315	—	315	—
	3	60	—	180	—
	1	55	—	55	—
Stipendienartige Unterstützungen aus dem vom hohen k. k. Ministerium für Cultus und Unterricht zu Gunsten armer und würdiger Schüler der Anstalt pro 1870 bewilligten Gesammtbetrage von 1200 fl.	6	50	—	300	—
	4	40	—	160	—
	1	35	—	35	—
	4	30	—	120	—
	14	25	—	350	—
Einmalige Unterstützungen aus dem Landesfonde .	2	50	—	100	—
	1	40	—	40	—
Summe .	54*	—	—	3098	—

An dieser Stelle sei auch mit dem wärmsten Danke erwähnt, dass der hochwürdigste Herr Bischof von Triest-Capodistria. Georg Dr. Dobrila, mehreren Schülern Privatunterstützungen von 20—60 fl. zuwendete; ferner, dass der Verein „Bratovščina hrvatskih ljudi u Istri" zu Castua drei Schülern eine einmalige Unterstützung von je 20 fl. und einem Schüler eine solche Unterstützung im Betrage von 30 fl. zukommen liess, endlich dass das hierortige Franziskanerkloster drei Schülern freie Kost und Wohnung gewährte.

*) Die betheilten Schüler sind aber blos 52, weil zwei Schülern, welche eine einmalige Unterstützung aus dem Landesfonde bezogen, auch vom Staate eine Unterstützung aus dem oben erwähnten Betrage von 1200 fl. bewilligt wurde.

VI. Lehrmittelsammlungen.

A. Bibliothek.

1. **Lehrerbibliothek.** Diese erhielt:

a) Durch **A n k a u f**: Homer, Ilias erkl. von H. Düntzer, 2. Aufl., 3. Heft, 1. und 2. Lief. — Stein, sieben Bücher zur Geschichte des Platonismus, 1.-3. Theil. — Zeller, die Philosophie der Griechen, 2. Theil, 2. Abth. — Ullrich, Ernst und Branky, Lesebuch für die österreichischen Volks- und Bürgerschulen, 4. Theil, 2. Aufl. — Rigutini e Fanfani, vocabolario italiano della lingua parlata. — Schiavi, manuale didattico-storico della letteratura italiana, parte 1.-3. — Smičiklas, čitanka za II. razred gimnazijski. — Archiv für slavische Philologie III., 2, 3. — Wappentableau der österr.-ungar. Monarchie sammt Heilmann's beschreibendem Text dazu. — Petermann's Mittheilungen aus dem Gesammtgebiete der Geographie, Jahrg. 1879. — Statistische Monatsschrift, Jahrg. 1879. — Valvasor, die Ehre des Herzogthums Krain, Lief. 1.-60. — Močnik, Lehrbuch der Arithmetik und Algebra für die oberen Classen der Mittelschulen, 17. Aufl. — Wiegand, Planimetrie, 1. Cursus. 11. Aufl.; 2. Cursus, 8. Aufl. — Brown, Classen und Ordnungen des Thierreichs, 5. Band, 25.-27. Lief., 6. Band, 1. Abth., 3. Lief., 2. Abth., 21.-23. Lief., 3. Abth., 1. Lief., 5. Abth., 18.-22. Lief. — Pick, Vorschule der Physik, 2. Aufl. — Münch, Lehrbuch der Physik, 5. Aufl. — Tyndall, das Licht; dto., die Wärme, 3. Aufl.; dto., der Schall, 2. Aufl. — Wiedemann, Annalen der Physik und Chemie, sammt Beiblättern, Jahrg. 1879. — Nägelsbach, Gymnasialpädagogik, 2. Aufl. — Wilhelm, praktische Pädagogik der Mittelschulen. — Meyer, grosses Conversations-Lexikon, 3. Aufl., Bd. XV. und XVI. — Zeitschrift für die österreichischen Gymnasien, Jahrg. 1879. — Zeitschrift für das Gymnasialwesen, Jahrg. 1879. — Gröber, Zeitschrift für romanische Philologie, 3. Band, Jahrg. 1879, nebst Supplementheft 2 zum 2. Bd., Jahrg. 1878. — Hof- und Staatshandbuch der österreichisch-ungarischen Monarchie für 1879. — Verordnungsblatt für den Dienstbereich des Ministeriums für Cultus und Unterricht. Jahrg. 1879. — Hussak, Austria, eine Sammlung österreichischer patriotischer Lieder, 1. Heft (vierstimmig sammt Partitur);

b). durch **G e s c h e n k**

vom k. k. Ministerium für Cultus und Unterricht: Mittheilungen der k. k. geographischen Gesellschaft in Wien XXI. Bd. (der neuen Folge XI.). — Lehmayer, die Verwaltung der österreichischen Hochschulen von 1868 bis 1877. — Skofitz, österreichische botanische Zeitschrift, Jahrg. 1879. — Ficker, Bericht über österreichisches Unterrichtswesen;

von der k. k. Statthalterei in Triest: Gesetz- und Verordnungsblatt für das österreichisch-illirische Küstenland, Jahrg. 1879;

vom Istrianer Landes-Ausschusse: Taramelli, descrizione geognostica del Margraviato d'Istria con annessavi carta geologica dell'Istria e delle isole del Quarnero. — Resoconti stenografici delle sedute della Dieta provinciale dell'Istria, II. sessione del 5.° periodo elettorale, decembre 1877 — agosto 1878;

von den kaiserlichen Akademie der Wissenschaften in Wien: Sitzungsberichte der philosophisch-historischen Classe Bd. LXXXVIII.-XCII., Bd. XCIII., Heft 1, 2, Register zu den Bänden 71 bis 80 und 81 bis 90. — Anzeiger der mathematisch-naturwissenschaftlichen Classe, Jahrg. 1879;

vom akad. Senate in Agram: Spomenica na svetčano otvaranje kr. sveučilišta Franje Josipa I. u Zagrebu, Agram. Albrecht, 1875;

von der Bratovščina hrvatskih ljudi u Istri in Castua: Pavlinović, pjesme i besjede, Zara, 1873; dto., pučki spisi, ebend. 1876;

von Herrn Karl Dragovina in Triest: Dragić, Reflexionen über unsere jetzigen Mittelschulen, Laibach, Kleinmayr und Bamberg, 1878;

vom k. k. Major der Landwehr Herrn Albin Schwara: einen Erdglobus;

von Herrn Volčić, Pfarrverweser in Zareč: Zlatarić. Djela izdana trudom Ivana Kukuljevića Sakcinskog. Agram, Župan, 1852; von den betreffenden Verfassern oder Verlegern: Heilermann und Dickmann. Lehr- und Uebungsbuch für den Unterricht in der Algebra an Gymnasien, Real- und Gewerbeschulen. 1. und 2. Theil. Essen. Baedecker, 1878 und 1879. — Hauler, lat. Uebungsbuch für die zwei untersten Classen der Gymnasien. 6. Aufl., Wien. Hermann und Altmann. 1879. — P. Ovidii Nasonis carmina selecta erkl. von O. Gehlen und K. Schmidt, 2. Aufl., ebendas. 1879. — Loserth, Grundriss der allgemeinen Weltgeschichte für Obergymnasien, Oberrealschulen und Handelsakademien. 2. Theil, Wien, Graeser, 1879. — Ploetz, methodisches Lese- und Uebungsbuch zur Erlernung der französischen Sprache, 1. Theil, Berlin. Herbig. 1878. — Egger, deutsches Lese- buch für die dritte Classe österreichischer Mittelschulen, Wien, Hölder. 1879. — Kozenn, Leitfaden der Geographie für die Mittel- und Bürgerschulen der österr.- ungar. Monarchie, herausgegeben von Jarz. 3. Theil. Wien. Hölzel, 1879. — Regeln der deutschen Rechtschreibung, herausgeg. vom Vereine „Innerösterreichische Mittel- schule" in Graz, 1878. — Frohwein, Hauptregeln der griechischen Syntax. 3. Aufl., Gera und Leipzig, Kanitz, 1879. — Hübl, Uebungsbuch für den Latein-Unterricht in den unteren Classen der Gymnasien, 1. Theil für die 1. Classe, Wien. Klink- hardt, 1879. — Willomitzer, deutsche Grammatik für österreichische Mittelschulen, ebendas. 1879.—Schiavuzzi, elenco degli uccelli viventi nell'Istria ed in ispecie nell'agro piranese. — Spiritus lenis, Varia, eine Sammlung lateinischer Verse, Sprüche und Redensarten, Augsburg, Kranzfelder. 1879.

2. Schülerbibliothek. Diese erhielt

a) durch Ankauf: Wildermuth, beim Lampenlicht. Erzählungen. — Höcker, auf hohem Throne und in der Dachkammer; die Lüge ist ein hässlicher Schandfleck; aus der Malerakademie; du sollst niemand verachten um seines geringen Ansehens willen. — Hoffmann, die Kinder sollen dankbar sein den Eltern. — Sealsfield, Tokeah oder die weisse Rose, für die reifere Jugend bearbeitet von Hermann Ludwig. — Andersen. sämmtliche Märchen. 18. Aufl. — Stegner und Wagner, das alte und das neue Japan, oder die Nipponfahrer. 3. Aufl., herausgeg. von Hinke. — Lauckhard, der sinnreiche Junker Don Quixote von la Mancha, für die Jugend erzählt. — Springer, die letzten Tage von Pompeji, nach dem Engl. des Edw.] Bulwer Lytton für die reifere Jugend bearbeitet. — Niedergesäss. Prinz Eugen und das Ende der Türkennoth. — Oppermann, der letzte Hohenstaufe. — Bade und Otto, der Skalp- jäger, 4. Aufl. — Kriebitsch, für freie Stunden. Heiteres und Ernstes für Jung und Alt. — Emmer, unser Kaiser Franz Josef I.;

b) durch Geschenk:

vom Professor der Anstalt Herrn Johann Berbuč: Klodič, Materin blagoslov, igra s petjem;

vom Professor der Anstalt Herrn P. Hermann Venedig: Križem sveta; Zgodo- vinska povest. — Strašimir, Mijat Briguša hrvatski seljak ili kako se može čovjek popeti s osla na konja. — Slovenske večernice za poduk in kratek čas.

B. Münzensammlung.

Diese erhielt durch Geschenk:

vom Professor der Anstalt Herrn P. Hermann Venedig: 1 altrömische Silber- münze, 1 Quattrino aus der Zeit Papst Gregors XVI., 1 Zehnsoldi-Stück aus der Zeit Papst Pius IX., 1 Cent der vereinigten Staaten von Nord-Amerika und 1 russi- sche Kopeke;

vom Lehrer der Anstalt Herrn Johann Kalb: 1 doppelten Albus (Weisspfennig) aus dem J. 1693. $\frac{1}{2}$ Kreuzer aus der Zeit Kaiser Josephs II., je 1 Stück von 1, 2. 5 und 10 deutschen Reichs-Pfennigen aus dem J. 1875 und eine griech. Kupfermünze von 2 Lepta. 1869;

vom Schüler der hierortigen 4. Gymnasialclasse Alfons Schlechter: 1 Silber- münze aus der Zeit Kaiser Leopolds I. und $\frac{1}{2}$ Tornese aus der Zeit Kaiser Ferdi- nands II., Königs beider Sicilien;

von Herrn Josef Jurčić, k. k. Bezirkssekretär hier: 1 Stück von 5 Cents der vereinigten Staaten von Nord-Amerika aus dem J. 1867.

C. Physikalisches Cabinet.

Das physikal'sche Cabinet erhielt durch Ankauf: eine Wellenmaschine, Nörrenberg's Polarisations-Apparat. 2 Magnetstäbe und einen Gefrier-Apparat.

D. Naturhistorisches Cabinet.

In diesem Cabinete kamen hinzu:

a) durch Ankauf: Lentemanns zoologischer Atlas, Serie V. und VI.. dto. neue Folge, zootomische Wandtafeln, 1. Serie, eine *Ardea cinerea*, ein *Picus viridis* und eine *Ciconia nigra* (ausgestopft);

b) durch Geschenk

vom Professor der Anstalt Josef Boban: ein Stück Alabaster aus den Steingruben von Volterra;

vom Herrn P. Julius Brunner, Gesangslehrer an der Anstalt: eine Flechtensammlung;

von Herrn Dr. Anton Scampicchio, Advokaten in Albona: der Balg eines Koffer-Fisches und ein *Camaeleo africanus* im Spiritus; ferner die Bälge folgender Vögel, die auf Kosten der Anstalt ausgestopft wurden: *Cygnus olor*, *Pandion haliaetus* und *Caprimulgus europaeus*;

vom Schüler der V. Classe Josef Larice: drei Schnecken.

E. Zeichensaal.

Im Zeichensaal sind seit dem Ende des vorigen Schuljahres bisher durch Ankauf hinzugekommen: Andél, das polychrome Flachornament, 2. Band der ornamentalen Formenlehre, Heft 3., Taf. 18 - 25, und Heft 4., Taf. 31 - 45. — Zernitz, manuale di prospettiva pratica.

F. Turnsaal.

Für den Turnsaal sollen noch im Laufe dieses Jahres angeschafft werden: 20 Paar Hanteln, 1 Sprungbrett und ein Schaukelreck.

VII. Maturitätsprüfung.

Bei der am 5. August v. J. unter dem Vorsitze des k. k. Landesschulinspectors Dr. Ernst Gnad abgehaltenen Maturitätsprüfung wurden von drei Abiturienten einer als reif mit Auszeichnung, die beiden anderen als reif erklärt.

Ein vierter Abiturient, welcher die Prüfung schon während der Clausurarbeiten hatte unterbrechen müssen, wurde mit Beginn des Schuljahres 1878-79 zur Fortsetzung der Prüfung zugelassen. Er erhielt für die drei von ihm noch einzuliefernden Clausurarbeiten folgende Themen, und zwar:

1. für die Uebersetzung aus dem Lateinischen in's Deutsche Tac. Ann. II., 14;
2. für die Uebersetzung aus dem Griechischen in's Deutsche: Xenoph. Comment. II., 4, § 5 - 7;
3. für den Aufsatz in illyrischer Sprache: Kriepost je i znanje — naše milovanje.

Bei der hierauf am 11. October unter dem Vorsitze des k. k. Landesschulinspectors Herrn Anton Klodič abgehaltenen mündlichen Prüfung ward der Abiturient auf zwei Monate mit Gestattung der Wiederholungsprüfung aus einem Gegenstande reprobiert, und da er nach Ablauf des anberaumten Termins bei dieser Wiederholungsprüfung den gesetzlichen Anforderungen entsprach, so wurde endlich auch ihm das Zeugniss der Reife ausgestellt.

Zu der am Ende des Schuljahres 1878-79 abzuhaltenden Maturitätsprüfung meldeten sich von den fünf Schülern der VIII. Classe bloss vier.

Die betreffenden Clausurarbeiten fanden am 23.-27. Juni statt und die Abiturienten erhielten zur Ausführung derselben folgende Themen:

1. Deutscher Aufsatz: Wert und Segen der Arbeit für den Einzelnen und für die Gesellschaft;

2. Uebersetzung aus dem Deutschen in's Lateinische: Aus Dr. Grysar's Handbuche lateinischer Stilübungen. II. Abth. das Stück VII., Horaz'sche Ode Archytas, S. 40 bis zu den Worten: Auf diese Auffassung.... S. 42;

3. Uebersetzung aus dem Lateinischen in's Deutsche: Cic. Lael. c. 19, § 67-70 incl.;

4. Mathematik
a) Die Gleichung eines Kreises ist $x^2 + y^2 = 100$; man bestimme die Länge der Geraden $3y + 4x = 50$ vom Puncte $M = (4,3)$ bis zum Berührungspuncte T;

b) Man löse die unbestimmte Gleichung $3x^2 - 4xy + y^2 + 3y = 7$ in ganzen Zahlen auf;

c) Jemand hält sich noch 12 Jahre für arbeitsfähig; wie viel muss er in dieser Zeit jährlich auf Zinsen zu $4\frac{1}{2}$ % legen, um nach Ablauf von dieser Zeit noch 20 Jahre eine Jahresrente von 500 fl. zu geniessen?;

5. Uebersetzung aus dem Griechischen in's Deutsche: Plat. Protag. c. XI, p. 321 B — c. XII. p. 322 C (ἅτε δή οἴν οἱ πάντα — ὥστε πάλιν σκεδαννύμενοι διαφθείροντο);

6. Italienischer Aufsatz (für einen Abiturienten): Perchè la storia venga meritamente chiamata magistra vitae;

7. Slavischer Aufsatz (für drei Abiturienten): Sua quemque sequuntur fata.

Die mündliche Prüfung wurde am 9. Juli unter dem Vorsitze des k. k. Landesschulinspectors Herrn Anton Klodić abgehalten, und es wurden dabei zwei Abiturienten als reif erklärt, die beiden anderen aber, welche in einem Gegenstande nicht entsprochen hatten, reprobiert mit der Erlaubniss, die Prüfung aus dem einen Gegenstande bei Beginn des nächsten Schuljahres zu wiederholen.

VIII. Chronik der Anstalt.

Das Schuljahr begann vorschriftsmässig am 1. October mit einem feierlichen Gottesdienste und mit der Bekanntmachung der Disciplinargesetze und der Stundeneintheilung an die Schüler.

Hierauf folgte sogleich der Unterricht, dessen regelmässiger Gang nur zwei unerhebliche Störungen erfuhr, und zwar die eine gleich am Anfange des Schuljahres, wo ein zum Kriegsdienste einberufener Lehrer erst in der zweiten Hälfte des October von diesem Dienste wieder entlassen wurde, und die zweite im Monate Juni, wo einem Lehrer ein kurzer Urlaub in Prüfungsangelegenheiten bewilligt werden musste.

Durch die schon am Schlusse des vorigen Schuljahres erfolgte Ernennung der Herren Georg Benedetti, Johann Kalb und Davorin Nemanić zu wirklichen Lehrern am hierortigen Gymnasium (s. das vorjähr. Progr. S. 46) ward der systemmässige Stand des Lehrkörpers dieser Anstalt bis auf eine Lehrstelle vervollständigt. Auch diese eine Lehrstelle aber wurde wenigstens von einem geprüften Lehramtscandidaten, dem Herrn Marcus Guggenberger, supplicirt, und dürfte mit Beginn des nächsten Schuljahres von einem wirklichen Lehrer besetzt sein.

Dem wirklichen Lehrer Alexander Gioseffi wurde die definitive Bestätigung in seinem Lehramte unter gleichzeitiger Zuerkennung des Titels „k. k. Professor" ertheilt, und den Professoren Johann Krainz und Josef Boban die erste Quinquennalzulage bewilligt.

Der Gesundheitszustand des Lehrkörpers war während des ganzen Schuljahres befriedigend. So im Allgemeinen auch der der Schuljugend. Eine Ausnahme machte hier nur der brave und allgemein betrauerte Schüler der VIII. Classe Franz Costantini, der nach langem Leiden am 17. März eine Beute des Todes wurde.

Der Tag der Feier der silbernen Hochzeit Ihrer Majestäten des Kaisers FRANZ JOSEPH I. und der Kaiserin ELISABETH war auch für das hierortige Gymnasium ein Festtag. Sämmtliche Lehrer und Schüler der Anstalt versammelten sich am Vormittage in dem mit dem Bildnisse Seiner Majestät des Kaisers geschmückten Zeichensaale. Hier hielt zunächst der Director eine sich auf die Bedeutung des Festes beziehende Ansprache an die Schüler; hierauf liessen die zahlreichen Sänger der Anstalt die Volkshymne ertönen, und nachdem dieselben noch einige zum Feste passende Lieder gesungen hatten, begab sich der Lehrkörper und die Schuljugend in Corpore in die hiesige Pfarrkirche, um dem hier anlässlich der obgedachten Feier celebrierten Hochamte mit Te Deum beizuwohnen.

Vom 28. bis 30. Mai inspicierte der k. k. Landesschulinspector Herr Dr. Ernst Gnad die Anstalt. Seine angegriffene Gesundheit erlaubte ihm aber nicht, auch den Vorsitz bei der am 7. Juli abgehaltenen Maturitätsprüfung zu führen, weshalb dieses Amt der k. k. Landesschul-Inspector Herr Anton Klodič übernahm.

Der Schluss des Schuljahres fand am 31. Juli mit einem feierlichen Hochamte und der Vertheilung der Zeugnisse statt.

IX. Verfügungen der vorgesetzten Behörden.

Präsidial-Erl. der k. k. Statthalterei in Triest vom 4. Juli 1878, Z. 1739. Laut Erlasses des Herrn Ministers für Cultus und Unterricht vom 20. Juli 1878, Z. 12065 haben die zur activen Militär-Dienstleistung einberufenen Supplenten auf den Fortgenuss der Substitutionsgebühr auch während der Ferien keinen Anspruch, und sind demgemäss deren Bezüge vom 1. des auf ihre Einberufung folgenden Monats einzustellen.

Landesschulr.-Erl. vom 4. August 1878, Z. 1171. Zufolge hohen Unterrichts-Ministerial-Erl. vom 8. Juli 1878, Z. 10821 ist es nicht gestattet, dass Schüler einer Mittelschule von dem Director derselben Anstalt oder von einem in der Classe, welcher sie angehören, unterrichtenden Lehrer in Verpflegung genommen werden. Auch die Unterbringung von Schülern bei einem Lehrer, der in anderen Classen Unterricht ertheilt, erscheint im Allgemeinen schon wegen der Möglichkeit, dass die Vertheilung der Lehrfächer davon beeinflusst werde, nicht unbedenklich, und ist deshalb von der k. k. Landes-Schulbehörde in allen Fällen abzustellen, in denen eine Unzukömmlichkeit sich ergeben hat.

— — vom 17. August 1878, Z. 1255. Die Direction wird ermächtigt, den geprüften Lehramtscandidaten Marcus Guggenberger mit Beginn des Schuljahres 1878-79 als Supplenten aufzunehmen. Die bisherigen Supplenten Anton Kempf und Valentin Terpin sind ihrer weiteren Dienstleistung zu entheben.

Präsidial-Erl. der k. k. Statthalterei in Triest vom 2. Sept. 1878, Z. 2041 bringt den hohen Unterrichts-Ministerial-Erl. vom 17. Juni 1873, Z. 7702, betreffen1 das Verbot von Geldsammlungen unter den Schülern, in Erinnerung.

Landesschulr.-Erl. vom 4. September 1878, Z. 1334. Der Schlussbericht über das Schuljahr 1877-78 wird zur Kenntniss genommen und die eifrige Thätigkeit des Lehrkörpers zur Förderung des Unterrichtes anerkannt.

— — vom 21. September und vom 24. October 1878, ZZ. 1396 und 1694. Da der neuernannte Lehrer Georg Benedetti wegen seiner Einberufung zum activen Militärdienste seinen hierortigen Dienst am 1. Oktober 1878 nicht antreten kann, so ist bis zu seinem Eintreffen (1. November) der bisherige Supplent Valentin Terpin weiter zu verwenden.

— — vom 9. October 1878, Z. 1590. Theilt den hohen Unterrichts-Ministerial-Erlass vom 21. September 1878, Z. 15551, betreffend das Verfahren bei Zulassung von Frauen zur Maturitätsprüfung, zur eventuellen Darnachachtung mit.

— — vom 11. November 1878, Z. 1640. Der Lehrer Alexander Gioseffi wird im Lehramte bestätigt und ihm gleichzeitig der Titel k. k. Professor zuerkannt.

— — vom 11. November 1878, Z. 1685. Dem Professor Johann Krainz wird die erste Quinquennalzulage zuerkannt.

— — vom 15. November 1878. Z. 1825. Uebermittelt eine Abschrift der hohen Unterrichts-Ministerial-Verordnung vom 4. November 1878, Z. 17722, womit

48

nene Vorschriften über den bei Schulgeld-Befreiungen einzuhaltenden Vorgang
ertheilt werden. zur Kenntnissnahme und Darnachachtung, sowie mit dem Auftrage
an die Direction, die Schüler davon in Kenntniss zu setzen und in entsprechender
Weise zu belehren.

— — vom 30. November 1878. Z. 1925. Vom Schuljahre 1879-80 an ist der
Unterricht in den beiden Landessprachen durch alle Classen des Gymnasiums zu
ertheilen, bei der geringen Frequenz der oberen Classen aber sind für diese Classen je
zwei aus Schülern zweier auf einander folgenden Jahrgänge des Obergymnasiums
combinierte Lehrabtheilungen einzuführen.

— — vom 13. December 1878. Z. 2013. Bei der Aufnahme von Supplenten
ist vorzugsweise auf geprüfte Candidaten Rücksicht zu nehmen. welche den Re-
servedienst in Bosnien geleistet haben und um Supplentenstellen ansuchen. und
sind ungeprüfte Supplenten durch solche Candidaten zu ersetzen.

— — vom 17. December 1878. Z. 1962. Dem Professor Josef Bohan wird
die erste Quinquennalzulage zuerkannt.

— — vom 28. Jänner 1879. Z. 146. Vom Schuljahre 1878-79 an ist die
dritte Fortgangsclasse einem Schüler zu ertheilen. wenn derselbe in der Hälfte
oder in der Mehrzahl der obligaten Lehrgegenstände die Note nicht genügend
oder ganz ungenügend erhält. wobei ein ganz ungenügend gleichzuhalten
ist mit zwei nicht genügend.

— — vom 28. Jänner und vom 17. Februar 1878. ZZ. 155 und 236. In Hin-
kunft sind diejenigen Abiturienten eines Gymnasiums, deren Durchschnitts-Leistungen
aus den vier letzten Semestern ihres Studiums als öffentliche Schüler oder als an
einem öffentlichen Gymnasium eingeschriebene Privatisten in der Geschichte und
in der Physik durch die Noten lobenswerth. vorzüglich oder ausgezeich-
net charakterisiert werden können. von der Prüfung aus diesen beiden Gegenständen bei dem Abiturienten-Examen loszuzählen und die ihnen zukommenden
Durchschnittsnoten aus diesen zwei Gegenständen mit Einfluss auf den Gesammt-
calcül in das Maturitäts-Zeugniss derselben einzutragen.

Statthalterei-Erl. vom 17. Februar 1879. Z. 489-VII. Die Direction wird von
den neuen Verfügungen bezüglich der kirchlichen Aufsicht von Schülern augs-
burgischer und helvetischer Confession an Mittelschulen und Lehrerbildungsanstalten
in Triest und im Küstenlande in Kenntniss gesetzt.

— — vom 27. Februar 1879. Z. 2253-VII. Für diejenigen Schüler des hierortigen Gymnasiums. welche auf Grund der von ihren Eltern oder Vormündern ab-
gegebenen Erklärung zur Theilnahme an dem Unterrichte in einer der beiden
Landessprachen verpflichtet sind. haben eben diese Landessprachen nach der Be-
stimmung des Organisations-Entwurfes § 20, 2 in jeder Beziehung in den Kreis
der obligaten Lehrgegenstände zu treten.

Präsidial-Erl. der k. k. Statthalterei vom 11. Mai 1879. Z. 813. Aus Anlass
der Feier der silbernen Hochzeit Ihrer Majestäten des Kaisers und der Kaiserin
haben an den verschiedenen Unterrichtsanstalten Lehrende und Lernende zu patrioti-
schen Kundgebungen sich vereinigt. Seine Majestät der Kaiser haben diese zahlreichen Kundgebungen aufrichtiger Liebe und Anhänglichkeit wohlgefällig zur
Kenntniss zu nehmen geruht.

Statthalterei-Erl. vom 16. Mai 1879. Z. 5619-VII. Bei der Entscheidung über
die Frage, ob einem Schüler die II. oder die III. Fortgangsclasse zuzuerkennen ist,
ist das Turnen. auch da wo es obligatorisch ist. nicht in die Zahl der hierbei in
Betracht kommenden obligaten Lehrgegenstände einzurechnen.

— — vom 16. Mai 1879. Z. 5620-VII. Maturitäts-Prüfungs-Candidaten. welche
als öffentliche Schüler einer Staats-Mittelschule im Genusse der halben Schulgeld-
befreiung stehen. haben auch nur die halbe Maturitäts-Prüfungs-Taxe zu entrichten.

Landesschulr.-Erl. vom 7. Juni 1879. Z. 642. Mit Bewilligung Seiner Excellenz
des Herrn Ministers für Cultus und Unterricht vom 5. Mai 1879. Z. 6369 ist Be-
hufs Unterstützung der im Jahre 1880 am hierortigen Staatsgymnasium studieren-
den Schüler der Betrag von 1200 fl. in dem Staatsvoranschlage des genannten
Jahres eingestellt worden.

Präsidial-Erl. der k. k. Statthalterei vom 18. Juni 1879. Z. 1089. Mit
der Vertretung des beurlaubten k. k. Landesschul-Inspectors Dr. Ernst Gnad
bei der Leitung der diesjährigen Maturitäts-Prüfungen wird der k. k. Landesschul-
Inspector Anton Klodić betraut.

X. Kundmachung.

Das Schuljahr 1879-80 beginnt an dieser Anstalt mit dem 1. October d. J. Die Aufnahme der Schüler findet am 28., 29. und 30. September d. J. von 8 Uhr Vormittags bis 1 Uhr Nachmittags statt. Am letzten dieser Tage werden auch die Aufnahms- und Wiederholungsprüfungen abgehalten.

Die Aufnahms-Bedingungen sind folgende:

1. Von den in die Vorbereitungsclasse eintretenden Schülern wird der Nachweis gefordert, dass sie mindestens den 3. Jahrescurs einer Volksschule mit gutem Erfolge zurückgelegt haben.

2. In die I. Gymnasialklasse dürfen nur diejenigen Schüler unbedingt eintreten, welche entweder die Erlaubniss haben, diese Classe am hierortigen Staats-Obergymnasium zu wiederholen, oder im vorigen Schuljahre aus der Vorbereitungsclasse dieser Anstalt wenigstens mit einem Zeugnisse der ersten Classe entlassen wurden; jeder andere Schüler aber, der in die I. Classe eintreten will, muss zunächst das mit dem Erlasse Seiner Excellenz des Herrn Ministers für Cultus und Unterricht vom 7. April 1878, Z. 5416 vorgeschriebene Frequentationszeugniss einer öffentlichen Volksschule beibringen und sich dann einer Aufnahmsprüfung unterziehen, bei welcher Folgendes gefordert wird:

a) jenes Mass von Kenntnissen in der Religionslehre, welches in den ersten vier Jahrescursen der Volksschule erworben werden kann;

b) Verständniss leichter deutscher Lesestücke, welches von nicht deutschen Schülern nöthigenfalls durch Uebersetzung in ihre Muttersprache zu zeigen ist; dann noch Kenntniss der Elemente aus der Formenlehre der deutschen Unterrichtssprache;

c) Uebung in den vier Grundrechnungsarten in ganzen Zahlen.

3. Die Aufnahme in die übrigen Gymnasialclassen findet wie bisher nur auf Grund eines legalen Gymnasialzeugnisses oder einer gut bestandenen Aufnahmsprüfung statt, welcher sich namentlich und ohne Ausnahme alle Schüler unterziehen müssen, die vorher bei keinem öffentlichen Gymnasium der österreichischen Monarchie eingeschrieben waren.

4. Jeder um die Aufnahme ansuchende Schüler muss entweder von seinen Eltern oder von einem gesetzlichen Vertreter derselben begleitet sein.

A v v i s o.

L'anno scolastico 1879-80 incomincia presso questo istituto col 1. ottobre a. c.

L'inscrizione degli scolari avrà luogo nei giorni 28, 29 e 30 settembre a. c. dalle ore 8 antimeridiane ad 1 ora pomeridiana. Nell'ultimo dei tre giorni indicati si terranno anche gli esami d'ammissione o di ripetizione.

Le condizioni dell'inscrizione sono le seguenti:

1. Gli scolari che vogliono essere inscritti nella classe preparatoria dovranno fornire la prova di aver assolto con buon successo gli studi almeno del 3. corso annuale di una scuola popolare.

2. Nella prima classe ginnasiale possono entrare incondizionatamente soltanto quegli scolari, i quali od hanno licenza di ripetere la detta classe presso questo Ginnasio, oppure furono nel passato anno scolastico licenziati dalla classe preparatoria di questo istituto almeno con un attestato di prima classe. Ogni altro scolaro che voglia entrare nella prima classe ginnasiale dovrà anzitutto produrre il certificato di frequentazione d'una scuola popolare pubblica prescritto dal Decreto di Sua Eccellenza il Signor Ministro del Culto e dell'Istruzione 7 aprile 1878, No. 5416 e poi assoggettarsi ad un esame d'ammissione, nel quale si esigerà

a) quel tanto di cognizioni nella dottrina religiosa che può essere acquistato nei primi quattro corsi annuali di una scuola popolare;

b) la capacità d'intendere facili brani di lettura tedeschi, la qual capacità dagli scolari non tedeschi dovrà, ove occorra, esser dimostrata mediante la traduzione di tali brani nella loro lingua materna; como pure la conoscenza degli elementi delle forme grammaticali dolla lingua d'istruzione tedesca;

c) esercizio nel calcolo delle quattro operazioni fondamentali con numeri interi.

3. L'inscrizione nelle altre classi ginnasiali può aver luogo, come sinora, soltanto in base ad un legale attestato ginnasiale o ad un esame d'ammissione subito con buon esito, al quale esame devono assoggettarsi nominatamente e senza eccezione tutti gli scolari che non fossero sinora stati inscritti presso un pubblico ginnasio della Monarchia austriaca.

4. Ogni scolaro che chiedo d'essere inscritto deve essere accompagnato dai suoi genitori o da un legale rappresentante dei medesimi.

· O g l a s.

Školska godina 1879 - 80 početi će na ovom zavodu 1. listopada t. g.
Upisivanje obavljat će se 28., 29. i. 30. rujna t. g. od 8 pred podne do 1 sata poslě podne. Osim toga děržati će se zadnjega spomenutih danah primateljni i opetorni izpiti.

Uvěti kod upisivanja su slědeći:

1. Od djakah, koji žele u pripravni razred stupiti, zahtěva se, da su najmanje treći razred koje pučke školo dobrim uspěhom sтěršili.

2. U I. gimnazijalni razred mogu samo oni djaci stupiti, kojim bě dopušteno na orděšnjoj o. k. gimnaziji taj razred opetovati, ili oni, koji su prošlo godine u pripravnom razredu ovoga zavoda najmanje srědoćbu pěrvoga reda dobili; svatko drugi pako, koj bi želio stupiti u taj razred, mora s odlukom Njegove Ekscelencije gospodina Ministra za bogoštovlje i nastavu od 7. travnja 1878, br. 5116 propisanu polaznu srědočbu kojegod javne pučke školo podněti pak onda podvěrći se primateljnomu izpitu, na kojem će se ovo zahtěvati:

a) u nauci věro onoliko, koliko se uči u pěrva četiri razreda pučke školo;

b) u němačkom jeziku razuměvanje lakših odlomakah iz čitanke, što će morati i pokazati prevodom iz němačkoga na materinski jezik, zatim pošela iz slovnice;

c) u računstvu věština u četiri glavne operacije sa cělimi brojevi.

3. Upisivanje u druge razrede biti će, kao dosele, uslěd valjane gimnazijalne srědočbe ili dobro položenog primateljnog izpita, kojemu će se morati podvěrći svi bez iznimke djaci, koji nisu prijo u kojojgod gimnaziji avstrijske monarhije upisani bili.

4. Svaki djak, koji želi upisati se, mora biti pratjen od svojih roditeljah ili njihovih zakonitih zastupnikah.